生きるということ

新装版

TO HAVE OR TO BE?

Erich Fromm

エーリッヒ・フロム

佐野哲郎＝訳

紀伊國屋書店

Erich Fromm
TO HAVE OR TO BE?

A volume in the World Perspectives Series,
planned and edited by Ruth Nanda Anshen.
Published by arrangement with Harper & Row, Publishers, Inc.,
through Japan UNI Agency, Inc., Tokyo.

生きるということ

はじめに

本書は私のこれまでの著作の二つの方向をたどるものである。まず第一に、本書はラディカル・ヒューマニズムの立場からの精神分析において展開された私の仕事をさらに広げて、二つの基本的な性格的方向づけとしての利己心と利他心の分析を集中的に行なっている。次いで本書の最後の三分の一を占める第三部は、私が『正気の社会』および『希望の革命』で扱った主題をさらに推し進めている。すなわち現代社会の危機とその解決の可能性とである。これまでに表明したもろもろの考えの繰り返しは避けえないものとなったが、このささやかな仕事の立脚点となった新しい視点と、それをさらに拡大した諸概念とには、私のこれまでの著作に詳しい読者でも報いられるところがあると期待している。

実は本書の表題〔*To Have or To Be*〕と、以前に出た二つの書物の表題とはほとんど同じなのである。ガブリエル・マルセルの『存在と所有（*Being and Having*）』とバルタザール・シュテーエリンの『所有と存在（*Haben und Sein*）』と。これら三つの書物はすべてヒューマニズムの精神で書かれているが、主題へのアプローチのしかたは大いに異なっている。マルセルは神学的および哲学的見地から書いている。シュテーエリンの著書は現代科学における物質主義に対する建設的論議であり、現状分析（*Wirklichkeit analyse*）への一つの寄与である。一方、本書は二つの存在様式の経験的＝心理学的および社会的分析を扱っている。私はこのような問題に十分な関心を持つ読者に、マルセルとシュテーエリンの著書を推奨する（私は最近までマルセルの著書の英訳が出版されていることを知らなかったので、その代わりにベヴァリー・ヒューズが私だけのために用意してくれたすぐれた英訳によって、それを読んだ。出版された翻訳は「参考文献」にあげてある）。

本書をより読みやすくするために、註は数も長さもぎりぎりの最小限にとどめた。書物への参照は本文中にかっこで示した場合もあるが、正確な参照元は「参考文献」に見いだされるはずである。

文体の上でいま一つ明らかにしておきたいことは、総称としての“man”と“he”の用法に関するものである。私はすべての〈男性的方向づけを持った〉言語の使用は避けたと信じている。そしてこの観点における言語の使用法は私がかつて考えていたよりもはるかに重大な意味を持つことを私に納得させてくれた点で、マリオン・オドミロクに感謝する。言語における性的差別へのアプローチにおいて、私たちが同意に達することができなかったのは、ただ一点においてであった。すなわち種としてのホモ・サピエンスを指す用語としての“man”という言葉に関してである。この文脈において性の区別なしに使う“man”の用法は、ヒューマニズム的思考の中に長い伝統を持つものであって、明らかに人間の種としての性質を示す言葉を使わずに済むとは、私は信じない。ドイツ語にはこのような困難は存在しない。性の区別のない人間を指す場合には*Mensch*という言葉を使うのである。しかし英語においてすらも、“man”はドイツ語の*Mensch*と同じく、人間、あるいは人類を意味するものとして、性の区別なしに使われている。私は耳ざわりな言葉で代用するよりは、“man”という言葉にその性と無関係な意味を復活させるほうが賢明であると思う。本書においては、性を区別せずにこの用語を使っていることを明らかにする必要のあるときには、“Man”と大文字で書いた〔訳文では〈人間〉とした〕。

今は、本書の内容と文体に関して助力を与えてくれた数人の人びとに謝意を表明するという、楽しい仕事が残るのみである。まず第一に、ライナー・フンクに感謝したい。彼は多くの点で私に多大の援助を与えてくれた。長時間にわたる議論において、キリスト教神学の微妙な点に対する私の理解を助け、倦《う》むことなく神学の分野における文献を教示し、原稿を数度にわたって読んでくれた。そして彼のすぐれた建設的な示唆は、彼の批判とあいまって原稿の内容を豊かにし、かつ幾つかの誤りを取り除くのに大いに役立った。私はマリオン・オドミロクにもこの上ない感謝をささげる。彼女は鋭い感覚を持った編集作業によって、本書を大いに改善してくれた。私はさらにジョーン・ヒューズにも感謝をささげる。彼女は幾種類もの原稿を良心と忍耐をもって繰り返しタイプするとともに、文体と言語について多くのすぐれた示唆を与えてくれた。最後に私はアニス・フロムに謝意を表する。彼女は数種類の原稿を読み、常に多くの貴重な洞察と示唆によって答えてくれた。

E・F

ニューヨーク

一九七六年六月

なすべき道は、あることである。

——老子

人が考えるべきことは何をなすべきかではなく、
自分が何であるかである。

——マイスター・エックハルト

君があることが少なければ少ないほど、
君が君の生命を表現することが少なければ少ないほど——
それだけ多く君は持ち、それだけ多く君の生命は疎外される。

——カール・マルクス

目次

本文中、＊は著者による註で、番号を付して「原註」として巻末にまとめた。
［ ］も著者による註をあらわす。なお、〔 〕内の註記は、訳者による註である。
本書における聖書の引用には聖書協会共同訳を用いた。

序章　大いなる約束とその挫折、そして新たなる選択

1　幻想の終焉

〈限りなき進歩という大いなる約束〉――自然の支配、物質的豊かさ、最大多数の最大幸福、妨げるもののない個人の自由の約束――は、産業時代が始まって以来、各世代の希望と信念を支えてきた。確かに私たちの文明は、人類が自然を能動的に支配しはじめたときに始まった。しかしその支配は産業時代の到来までは限られたものであった。産業が進歩して動物と人間のエネルギーの代わりにまず機械エネルギーが、次いで核エネルギーが用いられ、さらには人間の頭脳の代わりにコンピュータが用いられるに及んで、私たちはこう感じることができるようになった。私たちは限りない生産、ひいては限りない消費の方向に向かっているということ、技術が私たちを全能にしたということ、科学が私たちを全知にしたということ。私たちは神になりつつあったのだ。自然界を私たちの新しい創造の単なる建築資材として用いることによって、第二の世界を造り出すことにできる至高の存在に。

男、そしてしだいに女も、新しい自由の感覚を経験した。彼らは自分の生活の主人となった。封建的な鎖《くさり》は断ち切られ、人はすべての束縛から逃れてしたいことができるようになった。というよりは、人びとはそう感じたのであった。そしてたとえこのことが上流階級および中流階級にのみ言えることであったとしても、彼らが達成したことによって他の階級の人びとも、産業化が今の速度で続くかぎり、新しい自由はついには社会のすべての構成員に及ぶだろうという信念を持つことができた。社会主義と共産主義は、新しい社会と新しい人間を目標とする運動から急速に姿を変えて、すべての者のブルジョワ的生活を理想とし、未来の男女としての普遍化したブルジョワを理想とする運動となった。だれもが富と安楽とを達成すれば、その結果としてだれもが無制限に幸福となると考えられた。限りない生産、絶対的自由、無制限な幸福の三拍子が〈進歩〉という新しい宗教の核を形成し、新しい〈進歩の地上の都〉が〈神の都〉〔天国のこと〕に取って代わることになった。この新しい宗教がその信者に精力と活力と希望とを与えたことは、何ら驚くに当たらない。

〈大いなる約束〉の壮大さと産業時代の驚くべき物質的・知的達成とを思い描くことによって初めて、その挫折の実感により今日生じつつある衝撃を理解することができる。というのは産業時代は確かにその〈大いなる約束〉を果たさなかったし、ますます多くの人びとが次の事実に気づきつつあるからである。

（1）すべての欲求の無制限な満足は福利をもたらすものではなく、幸福に至る道でもなく、最大限の快楽への道ですらない。

(2) 自分の生活の独立した主人になるという夢は、私たちみんなが官僚制の機械の歯車となり、思考も、感情も、好みも、政治と産業、およびそれらが支配するマスコミによって操作されているという事実に私たちが目覚めはじめたときに、終わった。

(3) 経済の進歩は依然として豊かな国民に限られ、豊かな国民と貧しい国民との隔たりはますます広がった。

(4) 技術の進歩そのものが生態学的な危険と核戦争の危険を生み出し、そのいずれかあるいは両方がすべての文明、そしておそらくはすべての生命に終止符を打つかもしれない。

ノーベル平和賞(一九五二年)の受賞のためにオスロを訪れたとき、アルベルト・シュヴァイツァーは世界にこう呼びかけた。「あえて現状に直面せよ……人間は超人となった……しかし超人間的な力を持ったこの超人は、超人間的な理性の水準にまで高まってはいない。彼の力が大きくなるにつれて、ますます彼はあわれむべき人間となる……超人となればなるほど、自分が非人間的になるという事実に、私たちは良心を奮い起こさなければならない」

2 大いなる約束はなぜ挫折したか

〈大いなる約束〉の挫折は、産業主義に本質的に含まれる経済的矛盾とは別に、産業体制の二つの主な心理学的前提によって、その体制の中に組み込まれていた。すなわち、(1)人生の目標は幸福、すなわち最大限の快楽であって、それは人の感じるいかなる欲求あるいは主観的要求をも満足させることと定義される(徹底的快楽主義)、(2)自己中心主義、利己心、そして貪欲はこの体制が機能するために生み出さなければならないものであって、調和と平和をもたらすものである。

歴史上いかなる時にも豊かな者が徹底的快楽主義を慣習としたことは、よく知られている。限りない資力の持ち主、たとえばローマや、ルネサンスのイタリアの諸都市や、十八世紀および十九世紀のイギリスやフランスのエリートは、限りない快楽の中に人生の意味を見いだそうとした。しかし徹底的快楽主義という意味での最大限の快楽は、或る時代の或る集団の慣習ではあったが、十七世紀以前にはただ一人の例外を除いて、中国、インド、近東、ヨーロッパの偉大な〈人生の教師たち〉によって、福利の理論として表明されたことは一度もなかった。

このただ一人の例外は、ソクラテスの弟子であったギリシアの哲学者アリスティッポス(紀元前四世紀前半)で、彼の教えによれば、最適度の肉体的快楽を経験することが人生の目的であり、幸福とは味わった快楽の総計であった。彼の哲学について私たちが持っているわずかな知識は、ギリシアの哲学史家ディオゲネス・ラエルティオスによるものである。しかしそれでも唯一の真の快楽主義者としてのアリスティッポスの姿を明らかにするには十分で、彼にとっては欲求が存在するということが、それを満足させ、ひいては人生の目的である〈快楽〉を実現する権利の根拠になるのであった。

エピクロスをアリスティッポス流の快楽主義の代表者とみなすことは、とうていできない。〔エピキュリアン（快楽主義者）の語源ともなった〕エピクロスにとっては〈純粋な〉快楽が最高の目的であるが、彼にとってこの快楽は〈苦痛の不在（*aponia*）〉と魂の静けさ（*ataraxia*）を意味した。エピクロスによれば、欲求の満足としての快楽は人生の目標ではありえない。それはこのような快楽は必ず不快を伴い、そのために人間はその真の目的である苦痛の不在から遠ざけられるからである（エピクロスの理論は多くの点でフロイトの理論に似ている）。とはいうものの、エピクロスはアリストテレスの立場とは反対の或る種の主観主義を代表していたように思われる。ただしこれは、エピクロスの所説に関する矛盾した記録の許す範囲内で、断定的な解釈を下したうえでのことである。

ほかの偉大な〈教師たち〉のだれも、欲求が存在するという事実が倫理的規範を構成すると教えはしなかった。彼らは人類に最適な福利（*vivere bene*）に専念していた。彼らの思考の基本的な要素は、主観的に感じられるのみでその満足がつかの間の快楽をもたらす要求（欲求）と、人間性に根ざしていてその実現が人間の成長をもたらすとともに、*eudaimonia* すなわち〈福利〉を生み出す要求とを区別することである。言い換えれば、彼らが専念していたのは、純粋に主観的に感じられる要求と客観的に妥当性を持つ要求――前者の一部は人間の成長に有害であり、後者は人間性の必要とするものに一致している――との区別であった。

人生の目標は人間のすべての欲求の充足であるという理論は、十七世紀および十八世紀の哲学者によって、アリスティッポス以来初めてはっきりと表明された。それは〈利益〉が〈魂の利益〉を意味する（聖書において、そして後世になってもスピノザにおいてそうであるように）ことをやめて、物質的・金銭的利益を意味するようになったときに容易に生じるような概念であった。その時とは中流階級がその政治的束縛のみならず、すべての愛や連帯のきずなをも投げ捨て、自分のためにのみあることが、より少なくではなくより多く自分自身であることを意味する、と信じた時代であった。トマス・ホッブズにとって、幸福とは一つの貪欲（*cupiditas*）から他の貪欲への絶え間ない推移であった。ラ・メトリは少なくとも幸福の幻想を与えてくれるということを理由にして、薬物さえ推奨している。マルキ・ド・サドにとって、残酷な衝動を満足させることは、まさにそれらの衝動が存在し、満足を渇望するゆえに、正当なのであった。これらの人物は、市民階級が最終的に勝利を収めた時代に生きた思想家であった。貴族が哲学も持たずに慣習としてきたことが、市民階級の慣習と理論とになったのである。

　十八世紀以来、多くの倫理学上の理論が展開されてきた——その或るものはよりりっぱな体裁を整えた快楽主義で、たとえば〈功利主義〉であった。或るものはまったく反快楽主義的な体系で、たとえばカント、マルクス、ソロー、そしてシュヴァイツァーのそれであった。ところが現代はだいたい第一次世界大戦の終わりごろから、徹底的快楽主義の慣習と理論に戻ってしまった。限りない快楽の概念は、規律ある労働の理想に対する奇妙な矛盾を生み出すのであって、それは仕事に対する執念を倫理規範として受け入れながら、一日の残り時間と休暇の間は完全になまけることを理想とする、という矛盾に類似している。一方には流れ作業のベルトコンベヤーと官僚制的な日課があり、他方にはテレビ、自動車、セックスがあって、この矛盾した組み合わせを可能にしている。仕事に対する執念だけでは、完全になまける場合とまったく同じように、人びとは気が変になるだろう。この組み合わせがあるから、彼らは生きることができる。そのうえ、これらの矛盾した態度はともに或る経済的必然性に対応している。すなわち、二十世紀の資本主義は、日課としての共同作業のみならず、生産される商品およびサービスの最大限の消費に基づいているということである。

理論的に考察すれば、人間性というものがある以上、徹底的快楽主義は幸福をもたらしえないということが、なぜかという理由とともに明らかになる。しかしたとえ理論的に分析しなくても、観察しうるデータが、私たちの〈幸福の追求〉のしかたは福利を生み出さないことを、きわめてはっきりと示している。私たちは名うての不幸な人びとの社会である。孤独で、不安で、抑《よく》鬱的《うつてき》で、破壊的で、依存的で――必死になって節約に努めている時間を、一方でつぶして喜んでいる連中なのである。

私たちが行なっているのは今までになされた最大の社会的実験であって、それは快楽（能動的情動、福利、喜びに対立する受動的情動としての）が人間存在の問題に対する満足すべき解答となりうるか、という問いに答えるための実験なのである。歴史上初めて、快楽による満足が少数者の特権にとどまらず、人口の半分以上にとって可能となっているのだ。この実験はすでにその問いに対して否定的に答えている。

産業時代の第二の心理学的前提、すなわち個人的利己主義の追求は調和と平和、およびすべての人間の福利の増大をもたらす、という前提も同様に誤りであることは、理論的根拠から言えることだが、この場合もまたその誤りは観察しうるデータによって証明される。この原理は古典学派〔十八世紀から十九世紀にかけて、イギリス経済学の主流となった学派で、スミス、マルサス、リカード、ミルらに代表され、自由経済論を基調の一つとする〕の偉大な経済学者たちの中ではただ一人、デヴィッド・リカードによってのみしりぞけられたが、これがどうして正しいものでありえようか。利己主義者であるということは私の行動ばかりでなく、私の性格にもかかわることである。その意味するところはこうだ。私はすべてのものを私自身のために欲するということ。分かち合うことでなく、所有することが私に快楽を与えるということ。私は貪欲でなければならない、なぜならもし私の目標が持つことであるのなら、私が持てば持つほど私はあるのだから、ということ。私はほかのすべての人びと、すなわち私がごまかしたいと思う顧客や、やっつけたいと思う競争相手や、搾取したいと思う労働者に対して敵意を持たなければならない、ということ。望みにはきりがないので、私は決して満足することができないし、より多く持つ人びとをうらやみ、より少なく持つ人びとを恐れなければならない。しかし私はこれらすべての感情を抑圧しなければならない。それは私自身を（自分に対しても他人に対しても）すべての人がそう見せかけているように、ほほえみをたたえた、理性的で、誠実で、親切な人間のように見せるためなのである。

持つことへの情熱は終わることのない階級闘争をもたらすにちがいない。共産主義者は、彼らの体制が階級を廃止することによって階級闘争を終わらせると称しているが、それは作り話である。というのは、彼らの体制は生活の目的としての限りない消費の原理に基づいているからである。だれもがより多く持つことを望むかぎり、階級の形成があるにちがいないし、階級闘争があるにちがいない。そして地球全体として見れば国際間の戦争があるにちがいない。貪欲と平和は互いに相容れないのである。

徹底的快楽主義と限りない自己中心主義とは、もし十八世紀に極端な変化が起こらなかったなら、経済行動の指導原理として姿を現わすことはありえなかっただろう。中世社会においては、原始社会のみならず他の高度に発達した多くの社会においてもそうであったように、経済行動は倫理的原理によって決定されていた。かくしてスコラ学の神学者にとっては、物の値段や私有財産のような経済的範疇《はんちゅう》は道徳神学に属する部分であった。神学者は、彼らの道徳律を新しい経済的要請に適応させるための定式的表現（たとえばトマス・アクィナスが〈正当な価格〉の概念に与えた修正）を見いだすことができたが、それにもかかわらず経済行動は依然として人間行動であり、それゆえヒューマニズム的倫理の諸価値に従属するものであった。幾つかの段階を経て、十八世紀の資本主義はラディカルな変化を経験した。すなわち、経済行動は倫理学および人間の諸価値から切り離されたのであった。実際、経済機構は自律的実体であって、人間の要求や人間の意志とは無関係である、と考えられた。それはひとりで動き、自らの法則に従って動く体制であった。労働者の苦しみは、拡大の一途をたどる大会社の成長のためにますます多くつぶれてゆく小企業の場合と同様に、一つの経済的必然性であって、遺憾なことではあるが、自然の法則の結果であるかのごとく受け入れなければならないものであった。

この経済体制の発展を決定するものは、もはや〈人間にとってためになるものは何か〉という問いではなく、体制の成長にとってためになるものは何か、という問いであった。人はこのきわだった食い違いを隠そうとして、体制の成長のために（あるいは一つの大会社のためにでも）なるものは、一般の人びとのためにもなるのだ、と仮定した。この解釈を支えたのは、次の補助的な解釈であった。すなわち、体制が人間に要求する資質そのもの——自己中心主義、利己心、貪欲——は人間性に生まれつき備わっているので、これらの資質を育てるのは体制だけでなく人間性自体でもあるという解釈である。自己中心主義、利己心、貪欲が存在しない社会は〈原始的〉であると考えられ、その住民は〈子供じみている〉と考えられた。人びとは、これらの特性が生まれつきの動因として産業社会を出現させたのではなく、それらは社会環境の産物なのだと認めることを拒んだ。

重要さにおいて決して劣らない要因としてもう一つ、すなわち人びとの自然に対する関係が深刻に敵対的になったという要因がある。私たちは、〈自然の気まぐれ〉として、自己の存在の条件そのものによって自然の中にあるとともに、天賦《てんぷ》の理性によって自然を超越する一方、自己の存在の問題を解決しようとして、自然を征服し、自己の目的のために変貌させることによって、人類と自然との調和というメシア的理想を捨て去ったために、ついには、征服はますます破壊に等しい意味を持つようになった。自らの征服と敵対の精神のために盲目となって、私たちは天然資源には限りがあって結局は枯渇しうるという事実、そして自然は人間の強欲に対して逆襲するであろうという事実を見ようとはしなかった。

産業社会は自然を軽蔑している——機械製でないすべてのもの、そして機械製造者でないすべての人びと（最近の日本と中国を例外とする非白人種）を軽蔑しているように。今日の人びとは機械的なもの、強力な機械、生命のないものに惹かれるとともにますます破壊に惹かれつつある。

3　人間の変革の経済的必然性

本書のこれまでの議論は私たちの社会＝経済体制、すなわち私たちの生き方が生み出した性格特性は病因的であって、結局は病める人間を、ひいては病める社会を生み出す、ということであった。しかしながらまったく異なった観点から、経済的および生態学的破局に代わる選択としての〈人間〉の根本的な心理学的変革を支持する、第二の議論がある。それを提起しているのは、〔民間のシンクタンク〕ローマクラブの委託による〔一九七〇年代の〕二つの報告書であって、一つはドネラ・H・メドウズほかによるもの、他の一つはミハイロ・D・メサロヴィッチとエドゥアルド・ペステルによるものである。これらの報告書はともに世界的な規模における科学技術的・経済的・人口的傾向を扱っている。メサロヴィッチとペステルの結論によれば、或る基本計画に従った地球的規模での極端な経済的および科学技術的変革のみが、「広範囲の、そして最終的には全地球に及ぶ破局を避ける」ことができるのであって、彼らがその命題の証拠として列挙するデータは、今まで行なわれた中で最大の地球的規模を持った体系的な研究に基づいている（彼らの書物はメドウズの報告書に比べて、或る種の方法論的な点でまさっているが、先に発表されたメドウズの研究のほうが、破局に代わる選択としてより極端な経済的変革を考えている）。さらにメサロヴィッチとペステルの結論によれば、このような経済的変革は、「たとえば新しい倫理や自然に対する新しい態度のような、人間の価値と態度における〔あるいは私の言い方によれば、人間の性格的方向づけにおける〕根本的な変革が起こる」場合に初めて可能となる（強調はフロム）。彼らが言っていることは、彼らの報告書が発表される以前に、またそれ以後に、ほかの人びとが言ったことを、ただ確認しているにすぎないのであって、新しい社会が可能になるのは、それを発達させる過程において新しい人間もまた発達すること、あるいはもっと控えめな言い方をすれば、現代の〈人間〉の性格構造に根本的な変革が起こることを、不可欠の条件とするということである。

　残念ながらこの二つの報告書は、まさに私たちの時代の特徴と言うべき数量化、抽象化、非人格化の精神で書かれているのみならず、すべての政治的および社会的要因を完全に欠いているのであって、これらの要因がなければいかなる現実的な計画もとうてい立てえないのである。とはいえ、それらは貴重なデータを提供しているし、初めて人類全体としての経済的状況と、その種々の可能性および危険を扱っている。新しい倫理と自然に対する新しい態度とが必要である、というそれらの結論は、この要請がそれらの哲学的前提とあまりにも相反しているので、かえっていっそう貴重なものとなるのである。

　これらの報告書の対極点にいるのがエルンスト・F・シューマッハーであって、彼も経済学者だが、同時にラディカル・ヒューマニストでもある。ラディカルな人間変革を求める彼の要請は、二つの論拠に基づいている。すなわち、私たちの現在の社会秩序は私たちを病人にするということ、そしてもし私たちが社会体制をラディカルに変革しなければ、経済的破局へ向かって進むことになるということである。

　根本的な人間変革の必要が生じるのは、倫理的あるいは宗教的要請としてだけではなく、また現代社会の性格の病因的性質から生まれる心理学的要請としてだけでもなく、ほかならぬ人類の生存のための条件としてなのである。正しい生き方は、もはや単に倫理的あるいは宗教的要請を満たすものではない。歴史上初めて、人類の肉体的生存が人間の心のラディカルな変革にかかっている。しかしながら、人間の心の変革の可能性は、心に変革の機会と変革を達成する勇気と理想とを与えるような、極端な経済的・社会的変革がどの程度起こるかによって初めて決定されるのである。

4　破局に代わる選択はあるのか

今までに言及したデータは、すべて発表され、よく知られている。ほとんど信じがたい事実は、運命の最終的宣告とも思われるものを避けるためのいかなる真剣な努力もなされていない、ということである。私的な生活の場合なら、狂人でもなければ、自分の存在の総体に対する脅威を目前にしながら、受身の姿勢を続ける者はないだろうが、公のことがらに携わっている人びとは事実上何もしていないし、自己の運命を彼らにゆだねた人びとは、彼らがずっと何もしないでいるのを許しているのである。

あらゆる本能の中で最も強力なものである生存本能でさえ、私たちを動機づけることがなくなったように思われるのは、いったいどうしてだろう。最も明らかな説明の一つは、指導者たちが破局を避けるために何か有効なことをやっていると見せかけることができるような、多くの動きをしているということである。その動きとは果てしない会議であり、決議であり、軍備縮小の会談であって、これらすべては、問題は認識されていて解決のために何かがなされつつあるという印象を与える。ところがほんとうに重要なことは何も起こらないのであって、指導する者もされる者も、道はわかっていて正しい方向へ行進しているという外見を整えることによって、彼らの良心と生存への願望とを麻痺させているのである。

また別の説明は、体制が生み出す利己心のために、指導者たちが個人的成功を社会的責任より重視するようになる、ということである。政治的指導者や財界の経営者が、彼らには個人的利益を与えるらしいが、同時に共同体にとっては有害で危険な決定を下しても、もはやだれも驚かない。実際、利己心が現代の実際的倫理を支える柱の一つなら、どうして彼らが違ったやり方をするはずがあろうか。彼らは、たとえ自分の生命や配偶者および子供たちの生命にかかわるような、現実の利害関係を追求する場合でも、貪欲は（屈服と同様に）人びとを愚かにすることを知らないように見える（ジャン・ピアジェ『児童道徳判断の発達』参照）。同時に一般大衆も自分たちの私的なことがらに利己的に専念するあまり、個人的な領域を越えるすべてのことに対して、ほとんど注意を払わないのである。

私たちの生存本能が無力化したことのさらに別な説明は、人びとに要求される生き方の変革があまりにも極端なので、彼らは今払わなければならない犠牲よりは将来の破局を選ぶのだ、ということである。〔ハンガリー出身の小説家・ジャーナリストの〕アーサー・ケストラーが記述したスペイン内戦中の彼の経験は、この広く普及した態度の顕著な一例である。ケストラーが、ある友人の快適な別荘で腰を下ろしていたときに、フランコ軍の進撃が伝えられた。きっと彼らは夜の間に到着するだろう。そして、おそらく彼は銃殺されるだろう。逃げれば生命は助かるが、その夜は寒くて雨が降っていた。そして家の中は暖かく居心地がよかった。そこで彼はとどまり、捕虜となった。そして何週間ものちに、彼に好意を持ったジャーナリストたちの努力によって、ほとんど奇跡的に生命を救われたのであった。この種の行動はまた、大手術を要する重病だという診断をされることのいやさに、検査を受けるよりは死の危険を冒そうとする人びとにも見られることなのである。

生死にかかわる問題において人間が見せる致命的な受動性については、これらの説明のほかにさらに別な説明があって、それこそ私が本書を書いた理由の一つなのである。私が言っているのは、企業資本主義、社会民主主義的ないしソビエト的社会主義、あるいは技術家政治的《テクノクラティック》な〈ほほえむファシズム〉のモデルに代わるモデルはないという考え方のことである。この考え方が一般に普及しているのは主として、まったく新しい幾つかの社会モデルの実現可能性を研究し、それらについての実験をするだけの努力がほとんどなされていない、という事実によっている。実際、社会の改造の問題がたとえ部分的であっても、現代の最高頭脳の専念の対象としての科学および技術に取って代わらないかぎり、新しい現実的な選択肢を思い浮かべるだけの想像力は生まれないだろう。

本書の主たる眼目は二つの基本的な存在様式、すなわち持つ様式とある様式との分析である。最初の章において、私はこの二つの様式の違いに関する幾つかの〈瞥見的《べっけんてき》〉観察を提示している。第二章は、読者が自分自身の個人的経験において容易にかかわりを持つことができるような、日常経験からの例を幾つか用いながら、この違いを明らかにしている。第三章は旧約・新約聖書および、中世ドイツの神学者マイスター・エックハルトの著作に見られる、持つこととあることについての考え方を提示している。それ以後の数章が扱うのは最も困難な問題、すなわち持つ存在様式とある存在様式との違いの分析であって、そこで私は経験的データに基づいて、理論的結論を打ち立てようと試みている。ここまでの本書は、主として二つの基本的な存在様式の個々の面にかかわっているのに対して、最後の諸章は〈新しい人間〉および〈新しい社会〉の形成に対してこれらの様式が持つ関連性を扱い、そして人間を弱める個々の不幸、および全世界を破局に導く社会＝経済的発達に代わる選択肢の可能性を追求している。

第一部　持つこととあることの違いの理解

第一章　瞥見

1　持つこととあることとの違いの重要性

持つこと対あることとの選択は、常識に訴えるものではない。持つことはだれが見ても、私たちの生活の正常な機能だろう。生きるためには物を持たなければならないのだから。そのうえ、物を楽しむためには物を持たなければならない。持つこと——それもますます多くを持つこと——を至高の目的とし、或る人物について「百万ドルの値打ちがある」という言い方が許される文化において、どうして持つこととあることとの間の選択などありえようか。それどころか、あることの本質そのものは持つことなのであって、もし人間が何も持たなければその人は何ものでもありはしない、と思われることだろう。

しかし偉大な〈人生の教師たち〉は、持つこととあることとの間の選択を、彼らそれぞれの体系の中心的な問題としてきた。仏陀は、人間の発達の最高段階に到達するためには所有を渇望してはならないと教える。イエスは説く。「自分の命を救おうと思う者はそれを失い、私のために命を失う者はそれを救うのである。人が全世界を手に入れても、自分自身を失い、損なうなら、何の得があるだろうか」（ルカによる福音書9・24－25）。マイスター・エックハルトは、何も持たず自分を開き〈空虚〉とすること、自分の自我に邪魔されないことが、精神的な富と力を達成するための条件であると教えた。マルクスはぜいたくが貧乏に劣らず悪であること、そして私たちの目的は多くあることでなければならず、多く持つことであってはならないと教えた（私がここで言及しているのはラディカル・ヒューマニストとしての真のマルクスであって、ソビエトの共産主義が描き出している俗悪なにせものではない）。

長年にわたって私はこの区別を深く心に刻みつけ、その経験的な基礎を求めて、精神分析の方法による個人および集団の具体的な研究を行なってきた。私の見たものは私を次のような結論に導いた。すなわち、この区別は生命への愛と死せるものへの愛との間の区別とともに、存在の最も重大な問題としての意味を持つこと、そして経験的・人類学的・精神分析的データは、持つことあることとは二つの基本的な存在様式であって、そのそれぞれの強さが個人の性格やいろいろな型の社会的性格の違いを決定する、ということを明らかにする傾向を持つということである。

2　さまざまな詩的表現の実例

持つ存在様式とある存在様式の違いを理解するための序論として、鈴木大拙が「禅に関する講義（Lectures on Zen Buddhism）」において言及した、類似の内容を持つ二つの詩を実例として用いたい。一つは日本の松尾芭蕉（一六四四―九四年）の俳句であり、もう一つの詩は十九世紀のイギリスの詩人テニソンの作である。それぞれの詩人が類似の経験、すなわち散歩中に見た花に対して起こした反応を記述している。テニソンの詩はこうである。

ひび割れた壁に咲く花よ
私はお前を割れ目から摘み取る
私はお前をこのように、根ごと手に取る
小さな花よ――もしも私に理解できたら
お前が何であるのか、根ばかりでなく、お前のすべてを――
その時私は神が何か、人間が何かを知るだろう

一方、英語に翻訳すると、芭蕉の俳句はだいたい次のようになる。

目をこらして見ると
なずなの咲いているのが見える
垣根のそばに！〔よく見れば薺《なずな》花咲く垣根かな〕

この違いは顕著である。テニソンは花に対する反応として、それを持つことを望んでいる。彼は花を「根ごと」「摘み取る」。そして最後に、神と人間の本性への洞察を得るために花がおそらく果たすであろう機能について知的な思索にふけるのだが、花自体は彼の花への関心の結果として、生命を奪われる。私たちがこの詩において見るテニソンは、生きものをばらばらにして真実を求める西洋の科学者にたとえられるだろう。

芭蕉の花への反応はまったく異なっている。彼は花を摘むことを望まない。それに手を触れさえしない。彼がすることはただ、それを「見る」ために「目をこらす」ことだけである。鈴木はこのように記述している。

> おそらく芭蕉はいなか道を歩いていて、垣根のそばに何かあまり人の気づかないものを見たのである。彼はそこでもっと近づいてそれをよく見た。そしてそれがどちらかと言えばつまらない、ふつうは通行人にも無視される野の草にほかならないことを知った。これがこの句の記述しているありのままの事実であって、どこにもとくに詩的な感情は表現されていないが、おそらく日本語でかなという最後の二音節だけは別である。この助詞はしばしば名詞や形容詞や副詞に続けられるが、或る種の感嘆や賞賛や悲しみや喜びの感情を意味し、時には英語に訳す際に感嘆符とするのがきわめてふさわしい。この俳句においては句全体がこの符号で終わっているのである。

テニソンはどうやら、人びとや自然を理解するために花を所有する必要があるようだ。そして彼が花を持つことによって花は破壊されてしまう。芭蕉が望むのは見ることである。それもただ眺めるだけでなく、それと一体化すること、それと自分自身を〈一にすること〉――そして花を生かすこと――である。テニソンと芭蕉の違いは、ゲーテの次の詩によって十全に説明される。

見つけた花

ただ一人
さまよった森の中
何を探そう
あてもなしに

木蔭に見つけた
一輪の花
きらきらと星のよう
また美しいひとみのよう

摘もうとしたその手に
花はやさしく言った

どうして私を折るのです
すぐにしぼんでしまうのに

私はそれを掘り取った
根をみんなつけたまま
そしてそれを持って帰った
きれいな家の庭の中へ

もう一度植えた
静かなところ
今はすっかり大きくなって
花咲くようになっている

ゲーテは何の目的もなく歩いていて、あざやかな小さな花に惹かれる。彼はそれを摘もうという、テニソンと同じ衝動を持ったことを伝えている。しかしテニソンとは違って、ゲーテはこれが花を殺すことを意味することに気づいている。ゲーテにとって花は十分に生きていて、口をきき、彼に警告する。そして彼はテニソンとも芭蕉とも違った方法でこの問題を解決する。彼はその花を「根をみんなつけたまま」掘り取ってまた植えるので、その生命は破壊されない。ゲーテは言わばテニソンと芭蕉の間にいる。彼にとっては、決定的瞬間において生命の力が単なる知的好奇心の力よりも強いのである。この美しい詩においてゲーテが彼の自然研究の概念の核心を表明していることは、言うまでもない。

テニソンの花との関係は持つ様式、あるいは所有——物質の所有ではなく知識の所有——の様式においてである。芭蕉およびゲーテと、それぞれが見る花との関係はある様式においてである。あるということによって私が言及しているのは、人が何も持つことなく、何かを持とうと渇望することもなく、喜びにあふれ、自分の能力を生産的に使用し、世界と一になる存在様式である。

自然の大いなる愛好者であったゲーテは、人間の解体と機械化に対して闘った卓越した闘士の一人であって、多くの問題において持つことに対立するものとしてのあることを表現している。彼の『ファウスト』は、あることと持つこと（後者はメフィストフェレスに代表される）との間の葛藤の劇的な記述であるが、次の短い詩において、彼はあることの特質を極度の単純さで表現している。

財産
私は知っている、何ものも私のものではなく
ただ私の魂から妨げるものなく流れ出る
思想のみがあることを

そして愛に満ちた運命が
心底から私に楽しませてくれる
すべてのありがたい瞬間のみがあることを

あることと持つことの違いは、本質的に東洋と西洋の違いであるわけではない。その違いはむしろ人を中心とした社会と、物を中心とした社会との間にある。持つ方向づけは西洋の産業社会の特徴であり、そこにおいては金や名声や力への貪欲が人生の支配的な主題となってしまった。それほど疎外されていない社会――たとえば中世社会、ズニ族、アフリカの部族社会のように近代の〈進歩〉の思想に影響されていない社会――には、それぞれの芭蕉がいる（フロムは前著『破壊』で、アメリカ先住民であるズニ族社会の分析をしている）。おそらく産業化がもう二、三世代進めば、日本人も彼らのテニソンを持つことになるだろう。西洋人には（ユングが考えたように）禅のような東洋的体系が十分に理解できないというのではなく、現代の〈人間〉には、財産と貪欲とを中心としていない社会の精神が理解できないのである。実際、（芭蕉や禅と同じように理解しにくい）エックハルトの教えと仏陀の教えとは、同じ言語の二つの方言にすぎない。

3 語法の変化

持つこととあることとに対する重点の置き方に或る種の変化が生じたことは、過去二、三世紀のうちに西洋の諸言語における名詞の使用が多くなり、動詞の使用が少なくなったことに明らかである。

本来、物を表わすのは名詞であり、私は物を持っているということができる。たとえば、テーブル、いす、住宅、本、車を持っている、と。本来、能動性や過程を表わすのは動詞である。たとえば、私はある、私は愛する、私は欲する、私は憎む、など。しかし或る能動性が持つという言い方で表現されることが、ますます頻繁になっている。すなわち、名詞が動詞の代わりに用いられている。しかし、能動性を名詞と結びついた持つという言葉で表現するのは、言語の誤用である。なぜなら、能動性や過程は所有されうるものではなく、ただ経験されうるのみだからである。

先人の観察——デュ・マルセ－マルクス

この混乱のもたらした悪しき結果は、すでに十八世紀に認められていた。デュ・マルセ〔原文ではDu Maraisとなっているが、文法学者Du Marsais（一六七六－一七五六年）のことと思われる〕は、死後に発表された著作『真正文法原論（*Les Veritables Principes de la Grammaire*）』（一七六九年）において、この問題を非常に正確に表現した。彼はこう書いている。「私は時計を持っている、という例において、私は持っているは、その本来の意味において理解されなければならない。しかし、私は考えを持っているにおいては、私は持っているは、模倣として言われているにすぎない。それは借りもののの表現である。私は考えを持っているは、私は考える、私はこれこれの方法で思いつく、を意味味する。私は欲望を持つは、私は欲する、を意味し、私は意図を持つは、私は望む、を意味する、など」（翻訳はフロム。デュ・マルセへの言及は、ノーム・チョムスキー博士の教示による）

デュ・マルセが名詞を動詞の代用にするこの現象を観察してから一世紀後に、マルクスとエンゲルスが『聖家族』において同じ問題をいっそうラディカルに扱っている。エドガー・バウアーの〈批判的批判〉への彼らの批判〔『聖家族』には「批判的批判の批判、ブルーノ・バウアーとその伴侶を駁《ばく》す」という副題がついている。エドガーはブルーノの弟。同書第四章参照〕の中に、短いが非常に重要な愛に関する論文が含まれていて、そこにはバウアーの次の所説への言及がある。「愛は残酷な女神である。この女神はすべての神と同様に一人の人間のすべてを所有することを欲し、彼が自己の魂のみならず肉体的自己をも犠牲としてささげなければ、満足しない。この女神の崇拝は苦しみである。この崇拝の極致は自己犠牲であり自殺である」（翻訳はフロム）

マルクスとエンゲルスは答える。バウアーは「愛する人間あるいは人間の愛を、愛の人間に変貌させることによって、愛を〈女神〉に、それも〈残酷な女神〉に変貌させる。かくして彼は愛を人間と切り離されたものとして分離し、それを独立した実体としている」（翻訳はフロム）。マルクスとエンゲルスは、ここで名詞を動詞の代わりに用いる場合の決定的要因を指摘している。〈愛〉という名詞は愛の能動性の抽象化にすぎないのであって、人間と切り離されてしまう。愛する人間は愛の人間となる。愛は女神となり、人間が自己の愛する心を投射する偶像となる。この疎外の過程において人間は愛を経験することをやめ、〈愛〉という女神に屈服することによってのみ、自己の愛する能力との接触を保つ。彼は能動的で何かを感じる人物であることをやめ、その代わりとして偶像の疎外された崇拝者となったのであって、偶像との接触を失えば破滅するのである。

現代の用法

デュ・マルセ以後二百年の間に、名詞を動詞の代わりに用いるこの傾向は、彼でさえとうてい想像できなかったほどの比率に達した。ここにあげるのは、今日の言語の、少し誇張されているかもしれないが、典型的な用例である。精神分析家の助力を求める人物が、次のような文で会話を始めるとしよう。「先生、私は問題を持っています。私は不眠症を持っているのです。私は美しい住宅、すてきな子供たち、幸福な結婚生活を持っているのに、多くの悩みを持っているのです」。何十年か前なら、患者は「私は問題を持っています」とは言わずに、おそらく「私は悩んでいます」と言い、「不眠症を持っています」とは言わずに、「眠ることができません」と言い、「幸福な結婚生活を持っています」とは言わずに、「私は幸福な結婚をしています」と言っただろう。

このごく最近の話し方は、一般に広まった高度の疎外を示している。「私は悩んでいます」と言わずに「私は問題を持っています」と言うことによって、主観的経験は排除される。経験における私は所有におけるそれに置き換えられる。私は自分の感情を私の所有する何ものか、すなわち問題に変貌させてしまった。しかし〈問題〉はあらゆる種類の困難に対する抽象的表現である。私は問題を持つことはできない。というのはそれは所有しうる物ではないからである。しかしながらそれは私を持つことができる。言い換えれば、私は私自身を〈問題〉に変貌させたのであって、今は私の創造物によって所有されているのである。このような話し方は、隠された無意識の疎外を露呈している。

もちろん、次のような反論もできる。不眠症はのどの痛みや歯痛のような肉体的徴候だから、不眠症を持つと言うのは、のどの痛みを持つと言うのと同じように正当である、と。しかしやはり違いはある。のどの痛みや歯痛は多かれ少なかれ強くなりうる肉体的感覚であるが、精神的な性質はほとんど持たない。人はのどの痛みを持つことができる。というのはのどを持っているからである。また歯痛を持つことができる。というのは歯を持っているからである。これに反して不眠症は肉体的感覚ではなく、眠ることができないという精神の状態である。もし私が「眠ることができない」と言わずに、「不眠症を持つ」ことについて語ったとすれば、私は眠りを妨げる心配、不安、緊張の経験を棚上げして、精神的現象を肉体的徴候であるかのごとく扱いたい、という願望を露呈することになる。

また別の例をあげるなら、「私はあなたに対して大きな愛を持つ」と言うのは無意味である。愛は持つことができる物ではなく、一つの過程であり、人がその主体となる内的能動性である。私は愛することができる。私は愛していることができる。しかし愛することにおいて、私が持つものは……何もない。実際、持つことが少なければ少ないほど、多く愛することができるのである。

4　用語の起源

〈持つ〉というのは単純な表現なので、だまされやすい。すべての人間は何かを持っている。肉体、[*1]衣服、住まい――さらに進んで現代の男あるいは女となれば、車、テレビ、洗濯機などを持っている。何かを持たずに生きることは、事実上不可能である。それならどうして持つことが問題になるのだろうか。それでも〈持つこと〉の言語史は、この言葉が確かに問題であることを示している。持つことが人間存在のきわめて自然な範疇のことであると信じている人びとには、多くの言語が〈持つ〉に当たる言葉を持たないと知ることは、一つの驚きだろう。たとえばヘブライ語では、「私は持つ」は「それは私にある（*jesh li*）」という間接的な形で表現されなければならない。事実、所有をこのように表現して、「私は持つ」と表現しない言語のほうが支配的なのである。気づいてみれば興味深いことだが、多くの言語の発達において、「それは私にある」という構文がまずあって、のちに「私は持つ」という構文ができる。ところが言語学者エミール・バンヴェニストが指摘しているように、この逆の方向に進化することはない。[*2] この事実が示唆するのは次のことである。持つに当たる言葉は私有財産の発達と結びついて発達する一方、財産において機能性が支配的である社会、つまり使用するために所有する社会においては、その言葉は存在しないということである。社会言語学的研究をさらに進めれば、この仮説が妥当であるかどうか、またどの程度まで妥当であるかを示すことができるにちがいない。

持つことが比較的単純な概念のように見えるとすれば、あること、あるいは〈ある〉という形はそれだけいっそう複雑で、難しい。〈あること（being）〉は幾つかの異なった方法で用いられる。（1）繋辞《けいじ》（copula）として――たとえば、「私は背が高い（I am tall）」「私は白い」「私は貧しい」、すなわちアイデンティティ（同一性）の文法的表示として（多くの言語はこの意味での“to be”に当たる言葉を持たない。スペイン語は主語の本質に属し、永続的な特質である *ser* と、本質ではない偶然的な特質である *estar* とを区別する）。（2）動詞の受動的・受身的な形として――たとえば「私はなぐられる（I am beaten）」は、私が他人の能動性の客体であって、「私はなぐる」の場合のような私の能動性の主体ではないことを意味する。（3）存在することを意味するものとして――ここにおいて、バンヴェニストが示しているように、存在の〈ある〉はアイデンティティを述べる繋辞としての〈ある〉とは異なった用語である。「この二つの言葉は共存してきたし、今なお共存しうる。ところがこれらはまったく異なっているのだ」

バンヴェニストの研究は、繋辞としてよりも、むしろそれ自身の意味を持つ動詞としての〈ある〉の意味に、新しい光を投げかける。インド＝ヨーロッパ語族〔英語、ドイツ語、フランス語、ロシア語、ペルシャ語、サンスクリット語など、多くの言語を含む大語族〕において、〈ある〉は語根 *es* によって表現され、その意味は〈存在する、現実に見いだされる〉である。存在と現実は〈真正な、首尾一貫した、真実のもの〉（サンスクリットでは *sant*――〈存在している〉〈ほんものの〉〈真実の〉。最上級は *Sattama*――〈最上の〉）と定義される。〈あること〉はかくしてその起源となった語根においては、主語と属性との同一性の論述以上のものである。それは或る現象の記述的用語以上のものでもある。それはあるところの人または物の存在の現実性を示し、彼が（彼女が、それが）真正で真実であることを述べる。だれかが、あるいは何かがあると述べることは、その人物あるいは物の本質に言及することであって、彼の（彼女の、それの）外観に言及することではない。

持つこととあることの意味についてのこの概観から、次にあげる結論が導かれる。

（1）あること、あるいは持つことによって私が言及しているのは、「私は車を持っている」とか、「私は白い」とか、「私は幸福だ」などの論述に例証されているような、主語の或る種の個々の特質ではない。私が言及しているのは二つの基本的な存在様式であり、自己と世界に対する二つの異なった種類の方向づけであり、またそのどちらが支配するかによって人の思考、感情、行為の総体が決定されるような、二つの異なった種類の性格構造である。

（2）持つ存在様式においては、世界に対する私の関係は所有し、占有する関係であって、私が自分自身をも含むすべての人、すべての物を私の財産とすることを欲するという関係である。

（3）ある存在様式においては、私たちはあることの二つの形を確認しなければならない。一つはデュ・マルセの所説に例示されているように、持つことと対照をなすもので、生きていること、世界と真に結びついていることを意味する。あることのもう一つの形は見えることと対照をなすもので、（バンヴェニストの言う）あることの語源に例示されているように、偽りの外観とは対照的に、人あるいは物の真の本性、真の現実に言及するものである。

5　あることの哲学的概念

あることの概念の論議がさらに複雑になるのは、あることが何千という哲学書の主題となり、「あることとは何か」が西洋哲学の決定的な問いの一つとなってきたためである。あることの概念は本書では人類学的および心理学的な観点から扱われるが、哲学的な論議ももちろん人類学的な問題と無関係ではない。ソクラテス以前の哲学者から現代哲学に至るまでの哲学の歴史における、あることの概念の発達については、その簡単な紹介すら本書に与えられた限界を越えるものなので、私はただ一つの決定的な点のみに言及しよう。それはあることの要素としての過程、能動性、運動の概念である。哲学者ゲオルク・ジンメルが指摘しているように、あることが変化を意味する、すなわちあることはなることであるという考えは、西洋哲学の初期および最盛期において、二人の最大のそして最も非妥協的な代表者を持っている。すなわちヘラクレイトスとヘーゲルにおいてである。

あることが永続的、恒久的、そして不変の実体であって、なることの反対であるという立場は、パルメニデス、プラトン、そしてスコラ学派の〈実在論者たち〉〔スコラ学における実在論は、プラトンのイデア論を継承して、普遍的な概念が個々の事物に先立って実在すると考える〕によって表明されているが、これは思考（観念）が究極的実在である、という観念論的な見解に基づいて初めて意味をなすのである。もし愛の観念《イデア》（プラトンの意味での）が愛するという経験以上の実在性を持つなら、観念としての愛は永続し、不変であると言えるだろう。しかし存在し、愛し、憎み、苦しむ人間の現実から出発すれば、あることはみな同時に、なることであり、変化することである。生きている構造は、なるときにのみありうる。それらは変化するときにのみ存在しうる。変化と成長は生命の過程に内在する特質である。

生命を実体としてではなく過程としてとらえる、ヘラクレイトスおよびヘーゲルのラディカルな概念に類似した概念は、東洋世界においては仏陀の哲学の中に見いだされる。仏教思想の中には、物であれ自己であれ、いかなる持続的・永続的な実体の概念をも、容れる余地はない。過程以外には何も実在しない。[*3] 今日の科学思想は哲学的な〈過程思考〉の諸概念を発見し、自然科学に応用することによって、それらの再生をもたらした。

6　持つことと消費すること

持つ存在様式とある存在様式との幾つかの簡単な実例を論じる前に、持つことのいま一つの現われである合体に言及しなければならない。たとえば食べたり飲んだりすることによって或る物を合体するのは、それを所有する原初的な形態である。幼児はその発達の或る時期において、ほしい物を口に入れる傾向がある。これは幼児の所有の形態であって、この時期にはまだそれ以外の形で所有物を支配できるほどに、肉体が発達していない。多くの形態の食人習慣の中にも、これと同じ合体と所有との結びつきが見いだされる。たとえば、ほかの人間を食べることによって、私はその人物の力を獲得することができる（かくして食人習慣は奴隷を獲得することと魔術的に同じ価値を持つ）。勇敢な人間の心臓を食べることによって、私は彼の勇気を獲得する。トーテム動物（未開社会で部族、氏族と特別な関係を持つとして、神聖視される動物）を食べることによって、私はそのトーテム動物が象徴している神聖な実質を獲得する。

もちろんたいていの対象は肉体的に合体することができない（また、それができる場合でも、体外に排出される過程で再び失われるだろう）。しかし象徴的・魔術的な合体もある。もし私が或る神の、父親の、あるいは動物のイメージを合体したと信じたなら、それは取り去ることも排出することもできない。私は対象を象徴的に飲み込んで、それが私の中に象徴的に存在すると信じる。たとえば、フロイトは超自我《スーパー・エゴ》をこのように説明した。すなわち自己の中に取り入れられた父親の禁止や命令の総計として。権威、制度、観念、イメージも同じように取り入れることができるのであって、私はいわばそれらを腹の中で持って、永遠に保護するのである（〈取り入れ（introjection）〉と〈同一化（identification）〉とはしばしば同義語として用いられるが、それらが果たして同じ過程であるかどうかを決定することは難しい。少なくとも模倣あるいは服従と言うほうがよいときには、漠然と〈同一化〉を用いるべきではない）。

ほかにも多くの形の合体があって、それらは生理的欲求と結びついていないために、限度を知らない。消費主義に内在する態度は、全世界を飲み込もうとする態度である。消費者はミルクびんを求めて泣いている永遠の乳飲み子である。これはアルコール依存症や薬物依存症のような、病理現象に明らかである。私たちがこの二つの依存症をとくに取り上げて問題にするのは、これらの及ぼす影響が依存症者の社会的義務の妨げになるからだと思われる。強迫的喫煙がこのような非難を受けないのは、それが依存の程度では劣らないけれども、喫煙者の社会的機能の妨げになることはなく、おそらく彼らの寿命を縮めるに〈すぎない〉からである。

本書のあとの部分で、多くの形態の日常の消費主義に、より多くの注意が向けられている。ただここで一言しておきたいことは、余暇に関するかぎり、自動車、テレビ、旅行、セックスが今日の消費主義の主たる対象であり、私たちはそれを余暇活動〔能動性〕と呼んでいるが、むしろ余暇不活動〔受動性〕と呼んだほうがよいだろう、ということである。

要約すれば、消費することは持つことの一つの形態であり、それもおそらくは今日の豊かな産業社会にとっての最も重要な形態である。消費することの特質は多義的である。すなわちそれはまず不安を除いてくれる。というのは、持っているものを奪われることがありえないからである。しかし、それはまたより多く消費することをも要求する。というのは先の消費はすぐにその欲求充足的性格を失うからである。現代の消費者は次の定式で自分を確認するだろう——私はある=私が持つものおよび私が消費するもの。

第二章　日常経験における持つこととあること

私たちが生きている社会は財産を取得し、利益をあげることに専念しているので、ある存在様式のあかしはめったに見られず、たいていの人びとは持つ様式が最も自然な存在様式であると思い、受け入れうる唯一の生き方であるとさえ思っている。これらすべては、人びとがある様式の本質を悟ることを、また持つことは可能な一つの方向づけにすぎないと理解することさえも、とくに困難にしている。とはいえ、この二つの概念は人間経験に根ざしている。どちらも抽象的に、まったく頭だけで検討すべきものではないし、またそれはできることでもない。両者ともに私たちの日常生活に反映しているので、具体的に扱わなければならない。次にあげるのは、持つこととあることとが、日常生活においていかに明らかに現われているかの簡単な例であって、読者がこの二つの選択的な存在様式を理解する助けになるだろう。

1　学習すること

持つ存在様式の学生は、講義に耳を傾け、講義の言葉を聞き、それらの言葉の論理構造と意味とを理解し、できるかぎり、すべての言葉を彼らのルーズリーフ式のノートに書き込む――のちになって、筆記したものを暗記して試験に合格できるように。しかしその内容が彼ら自身の個々の思想体系の一部となって、それを豊かにし、広げることにはならない。学生はその代わりに、彼らが聞く言葉を思想あるいは全体的な理論の固定した幾つかの集合に変貌させ、それをたくわえる。学生と講義の内容とは互いに無縁のままであって、ただそれぞれの学生が、だれかほかの人の所説（その人が自分で創造したか、あるいはほかの典拠から借用したかの）の集積の所有者となったというだけのことである。

　持つ様式の学生はただ一つの目標しか持っていない。すなわち〈学んだこと〉を固守することであって、そのために彼らはそれをしっかりと記憶にゆだねたり、筆記を大切に保存したりする。彼らは何か新しいものを生み出したり、創造したりする必要はない。いやむしろ持つ型の人たちは、或る主題についての新しい思想や観念に出合うと狼狽《ろうばい》する。なぜなら、新しいものは彼らが持っている決まった量の情報に、疑いをはさむからである。実際、持つことを世界に対する主たる結びつきの形としている人にとっては、容易にピンで留める（あるいはペンで留める）ことのできない観念は、恐ろしいものなのだ――成長し、変化し、それゆえ支配できないほかのすべてのものと同じように。

　学習の過程は、世界に対してある様式で結びついている学生にとっては、まったく異なった特質を持っている。まず第一に、彼らは一連の講義に、たとえそれが第一回目の講義であっても、白紙《タブラ・ラーサ》の状態で出席することはない。彼らはその講義が扱うはずの諸問題についてあらかじめ思いをめぐらしているので、彼らの頭には、彼らなりの或る種の疑問や問題がある。彼らはその題目について十分に考えたので、それに関心をいだいている。言葉や観念の受動的な入れものとなることはなく、彼らは耳を傾け、彼らは聞く。そしてこれが最も重要なことだが、能動的・生産的な方法で、彼らは受け入れ、彼らは反応する。彼らが耳を傾けるものは、彼ら自身の思考過程を刺激する。新しい疑問、新しい観念、新しい展望が彼らの頭の中に生まれる。彼らが耳を傾けるのは、一つの生きた過程である。彼らは関心をいだいて耳を傾け、講師の言うことを聞き、聞くことに反応して自発的に生命を得る。彼らはただ家へ持ち帰って記憶することができる知識を獲得するのではない。それぞれの学生が動かされ、変化したのだ。講義を聞いたあとで、それぞれが聞く前の彼もしくは彼女と異なった人間となったのだ。もちろん、この様式の学習が普及するのは、講義が刺激的な材料を提供したときに、初めて可能である。空虚なおしゃべりにはある様式で反応することはできないのであって、そのような場合には、ある様式の学生は、まったく耳を傾けずに自分自身の思考過程に集中することを、最上と考えるのである。

ここで少なくともひと言だけ言及しなければならないのは、〈関心（interests）〉という言葉であって、これは現代の用法では色あせ、すり切れた表現となってしまった。しかしその本質的な意味は語根、すなわちラテン語の *inter-esse*——それの〈中に、（あるいは）間にある〉——に含まれている。この能動的な関心は中世英語においては、"to list"（形容詞は listy、副詞は listily）という用語で表現されていた。近代英語では、"to list"は"A ship lists（船が傾く）"のように空間的な意味にのみ用いられる。本来の精神的な意味は、否定的な"listless（気乗りのしない）"にあるのみである。"to list"は、かつては〈能動的に努力している〉〈ほんとうに関心を持っている〉を意味していた。その語根は"lust（切望、肉欲）"の語根と同じだが、"to list"は人がかりたてられる切望《ラスト》ではなく、自由で能動的な関心、あるいは努力である。"to list"は『不可知の雲』（イヴリン・アンダーヒル編）の氏名不詳の作者（十四世紀半ば）の用いている重要な表現の一つで、英語がこの言葉を否定的な意味でしか保持していないということは、十三世紀から二十世紀に至る社会の精神の変化を特徴づけるものである。

2　想起すること

想起することは、持つ様式においても、ある様式においても、起こりうる。二つの形の想起の違いに関して最も重要なことは、行なわれる結合の種類である。持つ様式の想起においては、結合はまったく機械的である。一つの言葉と次の言葉との結合が、その結合の行なわれる頻度によって確立されるときのように。あるいは結合は純粋に論理的であるかもしれない。たとえば相反するものの結合、あるいは或る一点に集中する概念の結合、あるいは時間、空間、大きさ、色との結合、あるいは或る与えられた思想体系の中での結合のように。

ある様式においては、想起することは能動的に言葉、観念、光景、絵画、音楽を思い出すこと、すなわち想起すべき単一のデータと、それが結びつくほかの多くのデータとを結びつけることである。ある様式の場合における結合は機械的でもなければ、純粋に論理的でもなく、生きた結合である。一つの概念が他の概念と結びつくのは、人がしかるべき言葉を探すときに動員される生産的な思考（あるいは感情）の行為によってである。簡単な例をあげよう。もし私が〈苦痛〉あるいは〈アスピリン〉という言葉で〈頭痛〉という言葉を連想するなら、私は論理的で月並みな連想を行なっていることになる。しかし、もし〈ストレス〉あるいは〈怒り〉という言葉で〈頭痛〉を連想すれば、私は与えられたデータをそこから生じる可能性のある結果と結びつけているのであって、それは私がその現象を研究するうちに得た洞察なのである。この後者の型の想起は、それ自身において或る生産的思考を構成している。この種の生きた想起の最も顕著な諸例は、フロイトの考案した〈自由連想〉である。

データをたくわえることがとくに好きでないかぎり、人びとは記憶力が十分に機能するためには、強い直接的な関心《かん》が必要であることを知るだろう。たとえば、長い間忘れていた外国語の単語であっても、そうすることが死活にかかわるほど重要な場合に、それらを想起した人びとの例が知られている。また私自身の経験においても、私はとくにすぐれた記憶力をさずかっているわけではないが、たとえ二週間前、あるいは五年前に私が分析した人物であっても、再びその人物の全パーソナリティを目の前にしてそれに集中すると、その人の見た夢を想起したものである。ところがその五分足らず前には、いわばその夢を無視していたかのごとく、私はまったくそれを想起することができなかったのである。

ある様式における想起は、かつて見たり聞いたりした何ものかをよみがえらせることを意味する。この生産的な想起を経験するためには、かつて自分が見た人の顔や風景を思い浮かべてみればよい。いずれの場合にも、すぐに思い出すことはできないだろう。私たちはその主題を再創造し、それを頭の中によみがえらせなければならない。この種の想起はいつでも容易であるとはかぎらない。顔あるいは風景を十全に思い出すためには、以前にそれを十分に集中して見ていなければならない。このような想起が十全に達成されたとき、顔を思い出したその人物が生命にあふれ、想起された風景が生き生きとしているさまは、あたかもその人物またはその風景が、現実に物理的に自分の前にあるかのごとくである。

持つ様式の人びとが顔あるいは風景を想起する方法は、たいていの人びとが写真を見るときの見方に代表されている。写真は或る人物あるいは或る光景を確認するときに記憶の助けとしてのみ役立つのであって、写真が引き出す通常の反応は、「そうだ、彼だ」とか、「そうだ、ここは行ったことがある」とかである。写真はたいていの人にとって、疎外された記憶となるのである。

紙にゆだねられた記憶は、また別な形の疎外された思い出となる。覚えておきたいと思うことを書き留めることによって、私はその情報を持つことが確かとなる。だから私はそれを脳に刻みつけようとはしない。私は自分の所有を確信する――ただ筆記を失ったとき、私は情報の記憶をもまた失ったことになる。私の想起能力は私を去ってしまった。というのは、たくわえられた記憶は筆記の形をとって、私の外在化した部分となっていたからである。

現代社会の人びとが覚えなければならないデータの多さを考えると、或る分量の記録や情報をノートに託すことは避けられない。しかし覚えようとしなくなる傾向は、常識的な釣り合いをまったく超えて強まりつつある。物事を書き留めることが想起能力を弱めるということは、自分自身を省みることによって容易に、また最もよく観察することができるが、幾つかの典型的な例も助けになるだろう。

日常的な例は商店で見られる。今日では店員は二、三の品目の簡単な足し算もめったにしないで、すぐ機械を使う。教室が別の例を与えてくれる。教師が観察しえたところによれば、講義のすべてのセンテンスを念入りに書き留める学生は、自分の理解能力を信頼するゆえに少なくとも要点だけは覚える学生に比べて、まず間違いなく理解においても想起においても劣っている。さらに、音楽家は、最も容易に楽譜を読んで演奏できる人びとは、楽譜のない音楽を覚えるのにより多くの困難を感じることを知っている[*4]（トスカニーニは異常な記憶力を持っていたことが知られているが、ある様式の音楽家のよい例である）。最後の例として、メキシコで私が観察したところでは、読み書きができない人びとや、めったに字を書かない人びとは、産業化した国々のすらすらと読み書きのできる人びとより、はるかにすぐれた記憶力を持っている。多くの事実の中でもとりわけこの事実が示唆しているのはこうだ。読み書きの能力は決して宣伝されているほどありがたいものではなく、まして経験し、想像する能力を貧困にするような材料を読むためにのみそれを使う場合は、なおさらであるということである。

3　会話すること

持つ様式とある様式との違いは、二つの会話の例においても容易に観察することができる。二人の男が会話の中で論争して、AがXの意見を持ち、BがYの意見を持つという典型的な場合を取り上げてみよう。それぞれが自分の意見と同一化する。それぞれにとって重要なことは、自分の意見を守るためのよりよい、すなわちより合理的な議論を見つけることである。どちらも自分の意見を変えること、あるいは相手の意見が変わることを予期してはいない。それぞれが自分の意見を変えることを恐れているのであって、そのわけはまさに、それが自分の所有物の一つであるので、それを失うことはそれだけ貧しくなったことを意味するからである。

論争するつもりのない会話の場合、事態は少し異なる。きわだって有名な、声望のある、すぐれた資質をほんとうに持っている人物とか、何か——よい職、愛されること、崇拝されること——を得る当てのある人物に会った経験のない人はないだろう。いつでもこういう場合には、多くの人びとは少なくとも軽い不安をおぼえるものであって、しばしばその重要な会見のために〈準備〉する。彼らは相手の関心をそそるような話題を考え、どのように会話を始めようかと、あらかじめ考える。自分のしゃべることに関するかぎり、会話のすべてをあらかじめ決めておく人もある。あるいは彼らは自分の持っているものを考えて、それを自分の支えとするかもしれない。すなわち、過去における成功、魅力的なパーソナリティ（あるいはこちらの役割がより効果的なら、威圧的なパーソナリティ）、社会的地位、縁故関係、容貌と服装。要するに、彼らは心の中で自分の価値をはかりに掛け、この評価に基づいて、その後の会話で彼らの商品を展示するのだ。これの非常に上手な人物は多くの人びとに感銘を与えるが、この作られた感銘のごく一部がその人の演技によるもので、大部分はほとんどの人びとの判断力の貧しさによるものである。演技者があまり巧みでなければ、その演技はぎこちなく、わざとらしく、退屈なものに見え、あまり関心を惹かないだろう。

これと対照的なのが、あらかじめ何の準備もせず、どのような支えもなしで事態に臨む人びとである。彼らはその代わりに、自発的、生産的に反応する。彼らは自分についても、自分の持つ知識や地位についても、忘れてしまう。彼らは自我に妨げられることはない。彼らが相手の人物とその人物の考えに対して十全に反応することができるのは、まさにこのためである。彼らは新しい観念を生み出すが、それは、何ものにも固執することがないので、生産し、与えることができるからである。持つ人物が持っているものに頼るのに対して、ある人物はあるという事実、生きているという事実、そして抑制を捨てて反応する勇気がありさえすれば、何か新しいものが生まれるという事実に頼る。彼らは持っているものに対する不安な気がかりのために自分を押し殺すことがないので、会話の際には十全に活気づく。彼ら自身の活気は伝染しやすいので、しばしば相手が彼もしくは彼女の自己中心性を超越するための助けとなる。かくして会話は商品（情報、知識、地位）の交換ではなくなり、もはやだれが正しいかは問題にならない対話となる。決闘者たちは一緒に踊り始め、勝利あるいは悲しみ——これらはともに不毛である——をもってではなく、喜びをもって別れる（精神分析療法の本質的な要因は、治療医のこの活気を与える資質にある。どれだけ精神分析的解釈を行なっても、治療の雰囲気が重苦しく、活気のない、退屈なものであれば何の効果もないだろう）。

4　読書すること

会話について言えることは、読書についても同じように言える。読書は著者と読者の会話である――あるいは、そうあるべきものである――からである。もちろん、読書においては（直接の会話の場合と同様に）、だれの本を読むか（あるいはだれと語るか）が重要である。非芸術的な安っぽい小説を読むことは、一種の白日夢《はくじつむ》である。それは生産的な反応を許さない。文章はまるでテレビのショーか、テレビを見ながらむしゃむしゃ食べるポテトチップスのように、飲み込まれる。しかし小説は、たとえばバルザックの小説のように、内的な参加とともに、生産的に――すなわち、ある様式において――読むことができるものである。だが、おそらくたいていの場合、それもまた消費の――持つ――様式において読まれている。好奇心をそそられると、読者は筋を知りたくなる。主人公は生きるのか死ぬのか、女主人公は誘惑されるのか抵抗するのか。そして彼らはその答えを知りたがる。小説は彼らを興奮させる一種の前戯として役立つ。幸福なあるいは不幸な結末によって、彼らの経験は絶頂に達する。彼らが結末を知ったとき、彼らはすべての物語を持つのである。あたかも彼らが自分自身の記憶をかきまわして捜したかのごとく現実的な物語を。しかし彼らは自分の知識を増してはいない。また小説の中の人物を理解することによって、人間性への洞察を深めたり、自分自身についての知識を得たりしたわけでもない。

読書の様式は、哲学あるいは歴史を主題とする本についても同様である。人が哲学あるいは歴史の本を読む方法は、教育によって形成——あるいはより適切に言えば、変形——される。学校はそれぞれの学生に或る量の〈文化的財産〉を与えることを目標とし、学校教育の終わりには、学生が少なくとも最小限の分量を持っていると証明する。学生は、本を読んで著者の主な思想を暗誦できるようになれと教えられる。このようにして学生は、プラトン、アリストテレス、デカルト、スピノザ、ライプニッツ、カント、ハイデッガー、サルトルを〈知る〉。高校から大学院までの種々の水準の教育の間の違いは、主として獲得された文化的財産の量にあり、その量は学生が卒業してのちに所有することが予期できる物質的財産の量に、だいたい対応する。いわゆる優秀な学生とは、種々の哲学者ひとりひとりの言ったことを最も正確に暗誦できる学生である。彼らは博物館の物知りの案内人のようなものである。彼らが学ばないことは、この種の財産的知識を超えたものである。彼らは哲学者に問いかけること、話しかけることを、学ばない。彼らは哲学者自身の矛盾や、彼らが或る問題を無視したり論点をはぐらかしたりしていることに気づくことを、学ばない。彼らは当時新しかったことと、当時の〈常識〉であったために著者が採らざるをえなかった考え方とを区別することを、学ばない。彼らは著者がただ頭からだけしゃべるときと、頭と心が一緒になってしゃべるときとを区別することができるような聞き方をすることを、学ばない。彼らは著者がほんものであるかにせものであるかを発見することを、学ばない。そしてまだまだ多くのことを、学ばない。

ある様式の読者はしばしば、大いに賞賛されている本でもまったく価値がなく、あるいはごく限られた価値しかないという結論に達する。あるいは或る本を十全に、時としては著者よりもよく理解しているかもしれない。著者は彼もしくは彼女が書いたすべてのものがみな同じように重要だ、と思っているかもしれないからである。

5　権威を行使すること

持つ様式とある様式との違いのまた別な例は、権威の行使である。決定的な点は権威を持つことと、権威であることとの違いにおいて現われる。私たちのほとんどすべては、一生の少なくとも或る段階において権威を行使する。子供を育てる人びとは、子供を危険から守り、種々の状況においていかに行動するかについて、少なくとも最小限の忠告を与えるために――欲するか否かを問わず――権威を行使しなければならない。家父長制社会においては、女もまたたいていの男にとって権威の対象である。私たちの社会のように官僚制的で、階級的に組織された社会にあっては、その大部分の構成員が権威を行使する。ただし最も低い社会的段階にある人びとは別であって、彼らは権威の対象であるにすぎない。

二つの様式の権威に対する私たちの理解は、〈権威〉が二つのまったく異なった意味を持つ広義の用語であることを、私たちが認めるかどうかにかかっている。すなわちそれは〈合理的〉権威か、〈非合理的〉権威かのどちらかとなりうる。合理的権威は能力に基づいていて、それに頼る人の成長を助ける。非合理的権威は力に基づいていて、それに従属する人を搾取するのに役立つ（私はこの相違を『自由からの逃走』で論じた）。

最も原始的な社会、すなわち狩猟民と採集民の社会においては、権威を行使するのはその職務能力を持っていると一般に認められている人物である。この能力がいかなる資質に基づくかは、その時その時の事情によるところが大きいが、印象としてはその素質は経験、知恵、寛容、熟練、〈押し出し〉、勇気を含むと言えるだろう。これらの部族には多くの場合、永続的な権威は存在せず、必要に応じて権威が生じる。あるいは、戦争、宗教的行事、けんかの調停のようなそれぞれ異なった機会のための、それぞれ異なった権威がある。権威の基礎となる資質が消滅し、あるいは弱まると、権威自体が終わる。非常によく似た形の権威を、多くの原始社会で観察できるが、そこでは能力はしばしば肉体的な力によってではなく、経験や〈知恵〉のような資質によって確立される。サルを使った非常に巧妙な実験によって生理学者ホセ・M・R・デルガードは、もし優位のサルがたとえわずかの間でもその能力を構成する資質を失えば、その権威が終わることを示した（一九六七年）。

ある権威は、一個人が或る社会的機能を果たすための能力に基づくばかりでなく、高度の成長と統合を達成したパーソナリティの本質そのものにも基づいている。このような人物は権威を放射するのであって、命令を下したり、脅迫したり、買収したりする必要はない。彼らは高度に発達した人物であって、彼らがある姿によって——なし、あるいは言うことを主とするのではなく——人間がありうる姿を明らかにする。偉大なる〈人生の教師たち〉はこのような権威であった。また彼らほど完成してはいないとしても、このような人物はあらゆる学歴の人びとの中にも、またあらゆる異なった文化の中にも、見いだすことができるだろう（教育の問題はこの点にかかっている。もし親自身がより発達した人物であって、自己の核心を信頼しているならば、権威主義の教育と放任主義の教育との対立などほとんど存在しないだろう。子供にはこのある権威が必要なので、子供は大きな熱意をもってそれに反応する。一方子供は、成長する子供に努力を期待しながら、自分はその努力をしていないことを自らの行動によって示す人びとからの、圧力や放任や〈過保護〉には反抗するのである）。

階級的秩序に基づき、狩猟民と採集民の社会よりはるかに大きくまた複雑な社会が形成されると、能力による権威は社会的地位による権威に位を譲る。これは必ずしも存在する権威が無能であることを意味するのではなく、能力が権威の本質的要素ではないことを意味する。私たちが問題にするのが君主制の権威——そこではくじ引きに等しい遺伝子が能力の資質を決定する——であれ、殺人あるいは裏切りによって権威となることに成功する破廉恥な犯罪者であれ、あるいは現代の民主主義においてしばしば見られるように、写真向きの顔だちや選挙に使える金の額のおかげで選ばれる権威であれ、そのすべての場合において、能力と権威との間にはほとんど何の関係もないだろう。

しかし何らかの能力に基づいて確立された権威の場合であっても、重大な問題がある。すなわち、或る指導者は一つの分野においては有能であったかもしれないが、他の分野においては無能であるかもしれない——たとえば、或る政治家は戦争を遂行することにかけては有能であっても、平和な事態においては無能であるかもしれない。また彼もしくは彼女の経歴の初めに当たっては正直で勇敢な指導者が、権力の誘惑によってこれらの資質を失い、また老齢や肉体的病気が或る堕落をもたらすかもしれない。最後に、或る権威の行動を判断するには、小さな部族の構成員のほうが、PRの専門家が人為的に作り上げた人物像によってのみ候補者を知るような、私たちの体制の何百万という人びとよりもずっと容易であることを、考慮しなければならない。

　能力を形成する資質が失われた理由が何であれ、たいていの大きな、階級的に組織された社会においては、権威の疎外の過程が起こる。ほんものにせよ、名目だけにせよ、初めに持っていたはずの能力は、権威の制服あるいは称号に変貌する。もし権威がしかるべき制服を着用し、あるいはしかるべき称号を持っていれば、この外的な権威のしるしが真の能力とその資質に取って代わることになる。国王――この型の権威の象徴としてこの称号を使うのだが――はたとえ愚かであっても、不道徳であっても、邪悪であっても、つまり権威であるためにはまったく無能であっても、やはり権威を持っている。彼がその称号を持つかぎり、彼はその能力を構成する資質を持っていると考えられるのだ。たとえ王様が裸であっても、すべての人が彼は美しい衣服をまとっていると信じるのである。

　人びとが制服や称号を、能力を構成する真の資質と考えるということは、まったく自然に起こるようなことではない。そのためにはこれらの権威の象徴を持っている人びとと、そこから利益を得る人びととが、彼らに従属する人びとの現実的、すなわち批判的な思考を鈍らせ、彼らに作り話を信じさせなければならない。このことについて考えようとするほどの人はだれでも、宣伝機関の策謀や、批判的判断力を破壊する方法や、お決まりの文句でなだめられて屈服してしまうありさまや、人びとが依存心を持ち、自分の目と判断力を信頼する能力を失ったために沈黙させられてしまうありさまを知っている。彼らは自分が信じる作り話によって、現実への目をふさがれてしまうのである。

6　知識を持つことと知ること

知ることの領域における持つ様式とある様式との違いは、次の二つの定式で表現される。「私は知識を持っている」と「私は知っている」と。知識を持つことは、利用できる知識（情報）を手に入れ、保持することである。知ることは機能的であり、生産的な思考の過程における一つの方法としてのみ役立つ。

ある存在様式で知ることの特質については、仏陀、ヘブライの預言者たち、イエス、マイスター・エックハルト、フロイト、マルクスのような思想家たちの洞察によって理解を高めることができる。彼らの見解によれば、知ることは私たちの平生の感覚的知覚の欺瞞性《ぎまんせい》に気づくことから始まる。それは私たちが見ている物質的な現実世界の姿は〈真に実在する〉ものに対応してはいないということを意味するのだが、重要なのは、たいていの人びとは半ば目覚め、半ば夢を見ていて、彼らが真実で自明の理だと思うことの大部分は、彼らが住んでいる社会の暗示的な力によって生み出された幻想であることに気づいていない、ということである。知ることはそれゆえ幻想を打ち砕くこと、幻想から覚めること（*Ent-täuschung*）に始まる。知ることは根元まで、ひいては原因にまで達するために、うわべを突き抜けることを意味する。知ることは裸の現実を〈見ること〉を意味する。知ることは真実を所有することを意味しない。それはたえず真実によりいっそう近づくためにうわべを突き抜け、批判的かつ能動的に努力することを意味する。

この創造的な洞察の特質は、ヘブライ語の *jadoa* に表現されている。それは男性の性的な貫通の意味で、知り、愛することを意味する。仏陀すなわち〈覚者〉は、目覚めよ、物への渇望が幸福をもたらすという幻想から自らを解放せよ、と人びとに呼びかける。ヘブライの預言者たちは、目覚めよ、お前たちの偶像は自らの手の産物にすぎず、幻想であることを知れ、と人びとに訴える。イエスは「真理はあなたがたを自由にする」（ヨハネによる福音書8・32）と言う。エックハルトは彼の知る概念を何度も表現した。たとえば神について語るときに、彼は言う。「知識は特定の思考ではなく、むしろ［すべての覆いを］はぎ取るものであり、利己心を持たず、裸で神の元へ走り寄り、神に触れ、神をいだくのである」（ブレイクニー、二四三ページ。〈裸〉と〈裸で〉は、同時代の『不可知の雲』の氏名不詳の作者と同じように、エックハルトが好んで用いた表現である）。マルクスによれば、幻想を不必要とするような条件を作り出すために、幻想を破壊しなければならない。フロイトの自己知識の概念は、無意識の現実に気づくために幻想（合理化）を破壊するという観念に基づいている（啓蒙思想の最後の思想家として、フロイトは二十世紀的な意味ではなく、十八世紀の啓蒙思想哲学の意味で、革命的思想家と呼ぶことができる）。

これらすべての思想家は、人間の救済に専念した。彼らはみな社会的に受け入れられた思考の型に批判的であった。彼らにとって知ることの目標は、〈絶対的真実〉の確実性、すなわち何かそれがあれば安心できるというものではなく、人間理性の自己確認の過程である。無知も、知っている者にとっては知識と同様によいものである。なぜなら両者はともに知る過程の一部であるからである。ただこの種の無知は無思考の無知とは違うけれども。ある様式における最高の知識は、より深く知ることである。持つ様式においては、それはより多くの知識を持つことである。

私たちの教育は一般的に、人びとが知識を所有物として持つように訓練することに努め、その知識は彼らがのちに持つであろう財産あるいは社会的威信の量とだいたい比例する。彼らが受け取るのは、最小限彼らが仕事においてしかるべく機能できるために必要な量である。それに加えて彼らひとりひとりに自尊心を高めるための〈極上知識の詰め合わせ〉が与えられるが、それぞれの詰め合わせの大きさは、その人物がおそらく得るであろう社会的威信に一致する。学校はこれらの全面的な知識の詰め合わせが生産される工場である――学校は通常、学生を人間精神の最高の達成に触れさせることを意図していると主張するけれども。多くの大学はとくにこれらの幻想を育てることに巧みである。インドの思想や芸術から実存主義やシュルレアリスムに至るまで、膨大な知識の前菜が出され、学生はこちらで少し、あちらで少しとつまむのであって、自発性と自由の名において、一つの主題に集中することは強要されず、また一冊の本を読み終えることさえも強要されない（この学校制度に対する哲学者イヴァン・イリッチのラディカルな批判は、その欠点の多くに焦点を合わせている）。

7　信念

宗教的、政治的、あるいは個人的な意味において、信念の概念はそれが持つ様式とある様式のいずれで用いられるかによって、二つのまったく違った意味を持ちうる。

信念は持つ様式においては、何の合理的な証明もない答えを所有することである。それは他人の創造した定式から成り立ち、人はその他人――通常は官僚たち――に屈服しているので、それらの定式を受け入れるのである。その信念は官僚たちの持つ現実の（あるいは単に想像上の）権力のゆえに、確からしさを持っている。それは人びとの一つの大きな集団に加わるための入会券である。それは自分で考え、決定を下すという困難な仕事を免除してくれる。人は「所有する者は幸いなるかな（*beati possidentes*）」の仲間、すなわち正しい信念の幸福な所有者の一人となる。信念は持つ様式においては、確実性を与えてくれる。それは究極的な、ゆるがしえない知識を宣言すると主張するが、それが信じられるのは、その信念を広め、守る人びとの権力がゆるがしえないように見えるからである。実際、自分の独立を放棄するだけで済むことなら、確実性を選ばない者がいるだろうか。

神は本来は私たちが自分の内部に経験することのできる最高の価値の象徴であるが、持つ様式においては一個の偶像となる。預言者の概念では、偶像は物であって、それは私たちが自ら造り、自らの力を投入し、そのために自らを弱めてしまうものなのである。私たちはそれから自らの創造物に屈服し、その屈服によって、疎外された形の自分自身に触れる。私は偶像が物であるゆえにそれを持つことができるが、私がそれに屈服することによって、同時にそれが私を持つことになる。いったん神が偶像となってしまうと、神にあると言われる種々の属性は、疎外された政治的教義と同じように、私の個人的経験とは無関係なものとなる。偶像は〈慈悲に満てる主〉とたたえられるかもしれないが、その名においていかなる残虐行為も犯されるだろう。ちょうど人間の団結に対する疎外された信念が、この上ない非人間的な行為を犯すことに疑いさえ起こさないように。信念は持つ様式においては、確実性を持つことを欲する人びと、あえて自分で探そうとはせずに人生への答えを欲する人びとの支えとなる。

　ある様式においては、信念はまったく異なった現象である。信念なしに生きることはできるだろうか。乳飲み子は母の胸に対する信念を必ず持つのではないだろうか。私たちはみな必ず他の生きものに、私たちが愛する人びとに、自分自身に、信念を持つのではないだろうか。私たちは、生活の規範の妥当性に対する信念なしで生きられるだろうか。実際、信念がなければ私たちは不毛になり、希望を失い、自らの存在の核心に至るほどの恐れをいだくことになるのである。

　ある様式での信念は、まず第一に、或る観念を信じることではなくて（そうである場合もありうるが）、一つの内的方向づけであり、態度である。人が信念を持つと言うより、人が信念の中にあると言うほうがいいだろう（信じることである信仰（*fides quae creditur*）と、信じることとしての信仰（*fides qua creditur*）との神学的な区別は、信念の内容と信念の行為との間の同じような区別を反映している）。人は自分に対しても他人に対しても、信念の中にあることができるし、宗教的な人物は、神に対する信仰の中にあることができる。旧約聖書の神は、何よりもまず偶像の否定であり、人が持つことのできる神々の否定である。東洋の王との類推において考えられてはいるが、神の概念はそもそもの初めからそれ自身を超越している――神には名前があってはならないし、神のいかなる像も造ってはならない。

　のちにユダヤ教およびキリスト教が発展する中で、神の完全な非偶像化を達成しようとする試み、というよりは神の属性すら述べることができないのは自明の理であるとすることによって、偶像化の危険と戦おうとする試みがなされる。あるいはまた、キリスト教的神秘主義において最もラディカルに――（にせの）アレオパゴスのディオニュシオス〔五世紀ごろの神秘主義的著作の作者。氏名は不詳であるが、一世紀に実在した同名の人物の著作と誤解されていたので、この名がある〕から、『不可知の雲』の氏名不詳の作者やエックハルトに至るまで――神の概念は一なるもの、〈神性〉〔物に非ざるもの〕の概念となる傾向にあり、かくしてヴェーダ〔古代インドのバラモン教の経典〕および新プラトン主義的思考において表現された見解と結びつく。神に対するこの信仰は、自分自身の中にある神的資質の内的経験によって保証される。それは連続的、能動的な自己創造の――あるいはエックハルトが言うように、キリストが不断に私たちの内部に生まれる――過程である。

　私自身への、他人への、人類への、十全に人間的となる私たちの能力への私の信念もまた、確実性の意味を含んでいる。しかしそれは私自身の経験に基づく確信であって、或ることを信じよと命じる権威への屈服に基づくものではない。それは文句のつけようのない合理的な証拠によって証明することはできないが、経験的・主観的証拠のゆえに私が確信する真実の確実性なのである（信念を表わすヘブライ語はemunah〈確実性〉であり、〈アーメン〉は〈確実に〉を意味する）。

もし私が或る人の誠実さを確信しているとしても、私は彼の最期の日まで彼の誠実さを証明することはできないだろう。厳密に言えば、たとえ彼の誠実さが死の瞬間まで汚されなかったとしても、もし彼がもっと長生きしたらその誠実さが汚されていたかもしれないという実証主義的な見解を、排除することはできない。私の確信は相手に関して、また愛および誠実さに関して私が持つ深い知識によるものである。この種の知識が可能になるのは、ただ私が自我を捨て、相手をい、彼のあるがままに見、彼の内にある力の構造を認め、彼を個人として見ると同時に、彼の普遍的な人間性において見ることができるかぎりにおいてである。その時、私は相手のなしうること、なしえないこと、なさないであろうことを知る。もちろんこれによって私が意味しているのは、私が彼のすべての将来の行動を予言できるということではなく、ただ誠実さや責任感などの基本的な性格特性に根ざした、一般的な行動の傾向のみを予言できるということである（『人間における自由』の「性格特性としての信仰」の章参照）。

この信念は事実に基づいている。それゆえに合理的である。しかしそれらの事実は、ありきたりの実証主義的な心理学によって認めうる、あるいは〈証明しうる〉ものではない。生きた人間である私だけが、それらを〈記録〉しうる手段である。

8　愛すること

愛することにもまた、それが持つ様式において語られるか、ある様式において語られるかによって、二つの意味がある。

人は愛を持つことができるだろうか。もしできるとすれば、愛は物でなければならず、人が持ち、占有し、所有することのできる実体でなければならない。実を言えば、〈愛〉というようなものはない。〈愛〉とは抽象概念であり、おそらくは女神であり異邦人である。しかしこの女神を見た者はない。実際には、愛するという行為のみが存在する。愛することは生産的能動性である。それは人物、木、絵、観念を尊重し、知り、反応し、確認し、享受することを意味する。それは生命を与えることを意味し、彼の(彼女の、それの)生命力を増大することを意味する。それは自らを更新し、自らを増大する一つの過程である。

愛が持つ様式において経験されるとき、それは自分の〈愛する〉対象を拘束し、閉じ込め、あるいは支配することの意味を含む。それは圧迫し、弱め、窒息させ、殺すことであって、生命を与えることではない。人びとが愛と呼ぶものは、たいていが彼らが愛していないという現実を隠すための言葉の誤用である。どれだけの親が子供を愛しているかは、いまだにまったく未解決の問題である。社会思想家ロイド・デ・モースが明らかにしたところでは、過去二千年の西洋の歴史の中で報告された、肉体的拷問から精神的拷問に至る子供への残酷行為、無頓着、まったくの私物化、そしてサディズムはあまりにも衝撃的なので、子供を愛する親は通例と言うよりむしろ例外なのだと信じなければならないほどである。

結婚についても同じことが言える。愛によって結婚したにせよ、過去の伝統的な結婚のように社会的便宜や慣習によって結婚したにせよ、ほんとうに愛し合っている夫婦は例外のように見える。ほんとうは社会的便宜、慣習、相互の経済的利害、子供に対して共有する関心、相互依存、あるいは相互の憎しみや恐れであるものが、意識の上では〈愛〉として経験される――二人は愛し合ってはいないし、今までも愛し合ったことはないのだということに、夫婦の一人あるいは両方が気づくその時まで。今日ではこの点に関して、いくらかの進歩が見られる。すなわち人びとはより現実的かつ冷静になり、多くの人びとはもはや性的に惹かれることが愛することを意味するとか、距離を置きながらも仲よく共同生活をすることが愛することの現われであると感じることはない。この新しい見方によって、人びとはより正直になった――相手もより頻繁に変わるようになったが。それによって、人びとは必ずしもより頻繁に愛するようにはなっていないし、新しい夫婦も以前の夫婦と同じように、愛してはいないかもしれない。

〈愛に陥る（falling in love）〉ことから愛を〈持つ〉という幻想への変化は、〈愛に陥った〉夫婦のたどる歴史の中に、しばしば詳しく具体的に観察することができる（『愛するということ』において、私は〈愛に陥る〉という句の中の〈陥る〉という言葉が、それ自身矛盾していることを指摘した。愛が生産的能動性である以上、人は愛の中にいること、あるいは愛の中を歩むことができるだけで、愛に〈陥る〉ことはできない。陥ることは受動性を意味するからである）。

求愛の最中には、どちらもまだ相手に自信がなく、それぞれが相手をわがものにしようと努める。双方ともに生きていて、魅力的で、興味をそそり、美しくさえある――生きていることは、常に顔を美しくするからだ。どちらもまだ相手を持ってはいない。それゆえそれぞれはあること、すなわち相手に与え、相手を刺激することに精力を注ぐ。結婚という行為によって、事態はしばしば根本的に変わる。婚約は、それぞれに相手の肉体、感情、関心の独占的所有を認める。もはやだれの歓心をも得る必要はない。愛は自分が持っている何ものかとなり、一つの財産となったからである。二人は愛すべき人間になろうとする努力も、愛を生み出そうとする努力もしなくなる。それゆえ彼らは退屈な人間となり、それゆえ彼らの美は消滅する。彼らは失望し、戸惑う。自分たちはもはや同じ人物ではないのだろうか。初めから間違っていたのだろうか。たいていの場合それぞれが相手の中に変化の原因を求め、詐欺にかかったように思う。彼らに見えないことは、彼らがもはや互いに愛し合っていたころと同じ人間ではない、ということであり、愛を持つことができるという誤解のために愛することをやめてしまったのだ、ということである。今や互いに愛し合う代わりに、彼らは持っているもの、すなわち金、社会的地位、家庭、子供の、共同所有で満足する。かくして或る場合には、愛に基づいて始まった結婚が仲のよい所有形態に変貌してしまう。それは二つの自己中心主義を一つの合同資本とした会社であり、〈家庭〉という会社である。

或る夫婦がかつての愛するという感情を回復したいという熱望を抑え切れなくなったとき、二人のうちどちらかが、新しい相手（あるいは相手たち）ならその切望を満たしてくれるだろう、という幻想をいだくかもしれない。彼らは自分が持ちたいのはただ愛だけだと感じる。しかし彼らにとって、愛とは自らの存在の表現ではなく、その前に屈服することを自ら望む女神である。彼らはもちろん愛において挫折するが、それは（フランスの昔の歌にあるように）「愛は自由の子である」からである。そして結局愛の女神の崇拝者はあまりにも受動的になるために、退屈な人間になって、彼もしくは彼女に残されたかつての魅力のすべてを失ってしまう。

このように述べたからといって、結婚は愛し合っている二人の人間の最上の解決ではありえない、と言うつもりはない。困難は結婚にあるのではなく、夫と妻の、そして結局は彼らの社会の、所有的な存在構造にある。集団的結婚、相手の交換、集団セックスなどの現代的な形の共同生活を提唱する人びとは、私の理解するかぎりでは、ただ愛することの難しさという問題を避けようとして、たえず新しい刺激によって退屈を紛らせ、たとえ一人でも愛しうることを望まないで、より多くの〈愛人たち〉を持つことを望んでいるにすぎないのである（『破壊』第十章の〈能動性を与える〉刺激と、〈受動性を与える〉刺激との区別に関する議論参照）。

第三章　旧約・新約聖書およびマイスター・エックハルトの著作における持つこととあること

1　旧約聖書

旧約聖書の主な主題の一つはこうである。なんじの持てるものを捨てよ。すべての足かせからなんじ自身を解放せよ。あれ！

ヘブライの諸部族の歴史は、最初のヘブライの英雄であるアブラハムに対する、国と親族を捨てよという命令から始まる。「あなたは生まれた地と親族、父の家を離れ／私が示す地に行きなさい」（創世記12・1）。アブラハムは彼の持っているもの——土地と家族——を捨てて、未知の世界へ行かなければならない。しかし彼の子孫は新しい土地に定住し、新しい氏族社会が発達する。この過程はより厳しい束縛をもたらす。まさに彼らがエジプトで豊かになりかつ強力になるからこそ、彼らは奴隷となる。彼らは一人の神、すなわち彼らの遊牧時代の祖先の神の姿を見失い、偶像、すなわちのちに彼らの支配者となった金持ちの信仰した神々を崇拝する。

第二の英雄はモーセである。彼は神に命じられて彼の民族を解放し、今では彼らの国（たとえ結局は奴隷の国であるにせよ）となった土地〔エジプトを指す〕から連れ出し、荒野へ出て〈祝い〉をしなければならない。気も進まず大きな不安をいだきながら、ヘブライ人たちは指導者であるモーセについていく——荒野へ。

荒野はこの解放における主要なシンボルである。荒野は国ではない。そこには都市はない。そこには富もない。それは必要とするものを持っている遊牧民の土地である。そして彼らが必要とするものは生活のための必要品であって、所有物ではない。歴史的に言えば、出エジプト記の記録には遊牧民の伝統が織り交ぜられているのであって、おそらくはこれらの遊牧民の伝統があらゆる非機能的財産に反対する傾向を決定し、また自由な生活への準備としての荒野の生活の選択を決定したのだろう。しかしこれらの歴史的要因は、束縛のない、財産を持たない生活のシンボルとしての荒野の意味を、かえって強めるのである。ユダヤ人の祭りの主なシンボルの幾つかは、荒野との結びつきの中に起源がある。パン種を入れないパンは、急いで出発しようとする人びとのパンであって、それは放浪民のパンである。スーカ（幕屋）は放浪民の家である。それはテントに相当するもので、容易に造られ、容易に壊される。タルムード〔ユダヤ教の聖典〕に定義されているように、それは住むための〈仮の住まい〉であって、占有する〈決まった住まい〉ではない。

ヘブライ人たちはエジプトの肉の鍋をなつかしむ。永住できる国を、乏しくとも保証された食事をなつかしむ。目に見える偶像をなつかしむ。財産を持たない荒野の生活の不安定さを恐れる。彼らは言う。「私たちはエジプトの地で主の手にかかって死んでいればよかった。あのときは肉の鍋の前に座り、パンを満ち足りるまで食べていたのに、あなたがたは私たちをこの荒れ野に導き出して、この全会衆を飢えで死なせようとしています」（出エジプト記16・3）。神はこの解放の物語のすべての場合にそうであるように、人びとの精神的な弱さにも応じる。神は彼らに食物を与えることを約束する。朝には〈パン〉〔荒野に降りた露がかわいてできた食物〕を、夕方にはうずらを。神は二つの重要な戒めを付け加える。各人はその必要に応じて集めなければならない、と。そして、「イスラエルの人々はそのとおりに行った。ある者は多く集め、ある者は少なく集めた。しかし、オメル升《ます》〔ヘブライの計量単位〕で量ると、多く集めた者も余ることがなく、少なく集めた者も足りないことはなく、それぞれ自分の食べる分を集めていた」（16・17－18）

マルクスによって有名になった、各人は必要に応じて与えられるという原理が、ここで初めて定式化されている。食物を与えられる権利が、無条件に確立されたのである。神はここでは子供に食物を与えて養ってやる母親であり、子供は食物を与えられる権利を確立するために何もする必要はない。第二の戒めはたくわえること、貪欲、そして所有欲に対する戒めである。イスラエルの人びとは、翌朝まで何もとっておかないように命じられた。「しかし一部の者はモーセの言葉に耳を貸さず、それを朝まで残しておいた。すると虫が湧いて臭くなったので、モーセは彼らに対して怒《いか》った。それで、彼らはそれぞれ朝ごとにその食べる分に応じて集めた。日が熱くなるとそれは溶けてしまった」（16・20－21）

食物を集めることに関連して、シャバット（安息日）を守るという概念が導入される。モーセはヘブライ人たちに、金曜日〔ユダヤ教の安息日は土曜日〕にはいつもの二倍の量の食物を集めるよう

に言う。「あなたがたは六日間それを集めるが、七日目は安息日であるから、野には何もない」（16・26）

シャバットは聖書の諸概念の中で、そしてのちにはユダヤ教の中で、最も重要なものである。それは十戒の中で唯一の厳密に宗教的な訓戒である。それを守ることは、ほかの点では儀礼を否定する預言者たちによってさえも主張されている。それは二千年のディアスポラ〔ユダヤ人が世界の各地に四散したこと〕の生活の間も、それを守ることがしばしば苦しく困難であったにもかかわらず、ずっときわめて厳しく守られてきた戒律である。シャバットがユダヤ人にとって生命の源泉であったことは、ほとんど疑う余地がない。彼らは四散し、無力となり、しばしばさげすまれ、迫害されながら、王のごとくシャバットを守るときに、誇りと尊厳を取り戻したのである。シャバットとは、少なくとも一日だけ人びとを仕事の重荷から解放するという、世俗的な意味での休息の日にすぎないのだろうか。確かにそれはそうである。そしてこの機能によって、それは人間の進化における偉大な革新の一つとしての尊厳を与えられている。しかしこれがシャバットのすべてであるとすれば、シャバットは私が今述べた中心的な役割を果たすことはまずなかっただろう。

この役割を理解するためには、私たちはシャバットの掟の核心にまで入らなければならない。それは肉体的あるいは精神的に努力をしないという意味での、休息それ自体ではない。それは人間と人間との間、および人間と自然との間に完全な調和を回復するという意味での休息である。何ものも破壊されてはならないし、何ものも建設されてはならない。シャバットは人間と世界との戦いにおける休戦日である。社会的な変化も起こってはならない。一枚の草の葉をむしることさえ、マッチをすることと同様に、この調和を破ることとみなされる。町の中でいかなるもの（たとえハンカチほどの軽いものであっても）を運ぶことも禁じられているのは、このためである。ところが自分の家の庭であれば、重い荷物を運ぶことも認められている。要するに、荷物を運ぶ努力が禁じられているのではなく、いかなるものをも一つの私有地から他の私有地へ移すことが、禁じられているのであって、それはそのような移動が本来、財産の移動に等しいものであったからである。シャバットには、人はあたかも何も持ってはいないかのように生活し、あること、すなわち自分の本質的な力を表現することのみを目標として追求する。すなわち祈ること、勉強すること、食べること、飲むこと、歌うこと、愛の行為を行なうこと。

シャバットは喜びの日である。というのはその日に人は十全に自分自身となるからである。そのためにタルムードはシャバットをメシア〔ユダヤ人の信じる救世主〕の時代の先駆けと呼び、メシアの時代を終わりなきシャバットと呼ぶ。それは財産や金が嘆きや悲しみと同じくタブーとなる日である。時が打ち破られ、純粋なあることが支配する日である。歴史的にこれの前身であるバビロニアのシャパトゥは、悲しみと恐れの日であった。現代の日曜日は娯楽の日であり、消費の日であり、自己から逃避する日である。世界的に調和と平和を守る日として、また人間の将来の先駆けとなる人間的な日として、シャバットを回復すべきときが来ているのではないかと問いたくなるのである。

メシアの時代の理想は、世界の文化に対してなされたもう一つのとくにユダヤ教的な寄与であり、本質的にはシャバットの理想と同じものである。この理想はシャバットと同様に、ユダヤ人の生命を支える希望であって、二世紀のバル・コクバ〔ハドリアヌス帝時代にローマに対して反乱を起こしたが、結局失敗した〕から今日に至るまでの偽りのメシアがもたらした苦い失望にもかかわらず、決して放棄されたことはない。シャバットと同様に、それは一つの歴史上の時代、すなわち所有は無意味となり、恐れや戦争はすでに終わり、私たちの本質的な力の表現が生きる目標となっているような時代の理想なのである。[*5]

出エジプト記の物語は悲劇的な結末へ進行してゆく。ヘブライ人たちは持つことなしに生きることには、耐えられない。彼らは決まった住まいがなくとも、また毎日神から与えられる以外の食物がなくとも、生きることはできるが、目に見える目前の〈指導者〉がなければ、生きることはできない。

かくしてモーセが山上で姿を消したとき、絶望したヘブライ人たちはアロンに頼んで、彼らが崇拝できる何ものかを目に見える像として造ってもらう。すなわち金の子牛である。ここにおいて彼らは、黄金や宝石類をエジプトから持ち出すことを認めた神の誤りの報いを受けるのだ、と言うことができるだろう。黄金とともに彼らは富への渇望を心の中にいだいてきたのであって、絶望の時が来ると、彼らの存在の所有的な構造が再び頭をもたげたのである。アロンは彼らの黄金で子牛〔の鋳像《ちゅうぞう》〕を造ってやる。そして彼らは言う。「イスラエルよ、これがあなたの神だ。これがあなたをエジプトの地から導き上ったのだ」（32・4）

一つの世代の人びとすべてが死に、モーセさえも新しい土地に入ることを許されなかった。しかし新しい世代の人びとも彼らの祖先と同様に、束縛なしでいることも、一つの土地に縛られることなく生活することも、できなかった。彼らは新しい土地を征服し、敵を絶滅させ、敵の土地に定住し、敵の偶像を崇拝する。彼らは自分たちの民主的な部族の生活を、東洋的な専制政治の生活に変貌させる——確かに小規模ではあるが、当時の強大な諸国を模倣する熱意に変わりはなかった。革命は失敗した。その唯一の達成——それが達成であるとすれば——は、ヘブライ人が今は支配者であって、奴隷ではないということであった。彼らはもし革命的な思想家や理想家の口から新しい託宣《たくせん》が発せられていなかったら、今日では近東の歴史書に学者が付ける脚註でしか記憶されなかっただろう。これらの人びとは、モーセのように指導者としての重荷に毒されることもなく、とくに独裁者としての権力的な手段（たとえばコラに率いられた反逆者たちを全滅させたときのように〔民数記16〕）を用いる必要に毒されることもなかった。

　これらの革命的な思想家、すなわちヘブライの預言者たちは、人間の自由の——物に束縛されないことの——理想と、偶像——人びと自らの手による作品——に屈服することへの異議とを回復した。彼らは妥協を知らず、次のように預言した。もし人びとが土地に近親愛的に固着し、自由な人間としてそこに住むことができなければ——すなわち、その中に自分を埋没することなしにその土地を愛することができなければ——再びそこから追放されなければならないだろう、と。預言者たちにとって、土地からの追放は悲劇ではあったが、最終的な解放への唯一の道であった。新しい荒野は一世代にとどまらず、多くの世代にわたって続くはずであった。新しい荒野を預言しながらも、預言者たちはユダヤ人の信仰を支え、究極的には全人類の信仰を支えたのだが、それは或る土地の先住民の追放も絶滅も必要としないで平和と豊かさを約束する、メシア的理想によってであった。

ヘブライの預言者の真の後継者は、すぐれた学者のラビたちだが、そのことが最もはっきりしているのは、ディアスポラの始祖であるラビ、ヨハナン・ベン・ザカイである。ローマ人との戦争（紀元七〇年）の指導者たちが、戦いに負けて国家を失うよりはみな死ぬほうがよいと決めたとき、ラビ・ザカイは〈裏切り〉を行なった。彼はひそかにエルサレムを抜け出し、ローマの将軍に降服し、ユダヤ人の大学を創設する許可を求めた。これは豊かなユダヤの伝統の始まりであると同時に、ユダヤ人が持っていたすべてのものの喪失の始まりでもあった。国家、会堂、官僚組織的な司祭階級と軍人階級、犠牲用の動物、儀礼。すべては失われ、彼らに（集団として）残されたものはただ、あることの理想だけであった。知ること、学ぶこと、考えること、そしてメシアを待ち望むことである。

2　新約聖書

新約聖書は、持つ存在構造に対する旧約聖書の異議を継承している。その異議はそれより以前のユダヤ人の発した異議以上に、ラディカルでさえある。旧約聖書は貧しく、しいたげられた階級の所産ではなく、遊牧の牧羊民や独立した農民の中から生まれた。それから千年を経て、タルムードという学問的な作品を生み出した学識豊かなパリサイ人は、若干の非常に貧しい人びとから、若干の非常に豊かな人びとにまで及ぶ中流階級を代表していた。この双方の集団にしみ込んでいたのは、社会正義の精神であり、貧しい人びととの保護であり、すべての無力な人びと、たとえば寡婦《かふ》や少数民族（*gerim*）への援助であった。しかし概して言えば、彼らは富を悪として、あるいはあることの原理と相容れないものとして決めつけることは、しなかった（ルイス・フィンケルスタインの『パリサイ人（*The Pharisees*）』参照）。

これに反して最も早い時期のキリスト教徒は、主として貧しく社会的にさげすまれた人びと、しいたげられた人びとや見捨てられた人びとの集団であって、彼らは――旧約聖書の幾人かの預言者のように――金持ちや権力者を厳しく批判し、富と世俗および聖職の権力とを純然たる悪として、妥協することなく弾劾《だんがい》した（『革命的人間』参照）。実際、マックス・ウェーバーが言ったように、山上の垂訓《すいくん》〔マタイによる福音書5－7、ルカによる福音書6・20－49〕は奴隷の大いなる反乱の演説である。初期キリスト教徒のいだいていた気分は、十全な人間的連帯のそれであって、時としてそれは形あるすべてのものの自発的な共同保有という観念となって、表現された（アルトゥール・F・ウッツは、初期キリスト教徒の共同所有と、ルカがおそらく知っていたと思われるそれ以前のギリシア人の実例とを論じている）。

初期キリスト教のこの革命的精神は、福音書の最も古い部分にとくにはっきりと現われている。これらの部分は、まだユダヤ教から分離していなかったキリスト教の共同体に知られていたものである（福音書の中のこれらの最も古い部分は、マタイとルカによる福音書という共通の典拠から再構成することができるのであって、新約聖書の歴史の専門家の間では〈Q〉〔ドイツ語 *Quelle*（典拠）から〕と呼ばれている。この分野での基本的な仕事はジークリート・シュルツによるもので、彼は〈Q〉のより古い伝承とより新しい伝承とを区別している）[*6]。

これらに言われていることの中心となる根本原則は、人びとはすべての貪欲や所有への渇望から自由になり、持つ構造から完全に自己を解放しなければならないということ、むしろ、すべての積極的な倫理的規範は、あること、分かち合うこと、そして連帯の倫理の中に根ざしている、ということである。この基本的な倫理的立場は、他人との関係および物との関係の双方に適用される。自らの権利のラディカルな否認（マタイ5・39－42、ルカ6・29以下）は、自らの敵を愛せよという訓戒（マタイ5・44－48、ルカ6・27以下、32－36）と同様に、旧約聖書の「隣人を自分のように愛しなさい」よりさらにラディカルに、ほかの人間への十全な心づかいと、すべての利己心の完全な放棄とを強調している。他人を裁くことすら禁止する規範（マタイ7・1－5、ルカ6・37以下、41以下）は自我を忘れ、相手の理解と福利に全面的に専念するという原理をさらに拡大したものである。

また物に関しても、持つ構造の総体的な否認が要請される。最も古い共同体は財産のラディカルな否認を主張していた。それは富を蓄積するなと警告する。「あなたがたは地上に宝を積んではならない。そこでは、虫が食って損なったり、盗人が忍び込んで盗み出したりする。宝は、天に積みなさい。そこでは、虫が食って損なうこともなく、盗人が忍び込んで盗み出すこともない。あなたの宝のあるところに、あなたの心もあるのだ」（マタイ6・19－21、ルカ12・33－34）。イエスの次の言葉も同じ精神からである。「貧しい人々は、幸いである／神の国はあなたがたのものである」（ルカ6・20、マタイ5・3）。実際、初期のキリスト教は貧しい人びとや苦しんでいる人びとの共同体であって、神の救済計画により、現行の秩序が究極的に消滅するときが来たという黙示録的信念に満ちている。

〈最期の審判〉という黙示録的概念は、当時のユダヤ人の各種社会に広まっていたメシア思想の一つの型であった。究極的救済と審判に先だって混乱と破壊の時期が来るが、それはあまりにも恐ろしい時期なので、タルムードを書いたラビたちが神に対して、前メシア時代に生きている自分たちを見逃したまえと願っているほどである。キリスト教における新しい点は、イエスと彼の信者たちがその時代は今（あるいは近い将来）であり、それがイエスの出現とともにすでに始まったと信じていたことである。

実際、初期キリスト教徒のころの事態を見れば、今日の世界で起こっていることを連想せずにはいられない。少なからぬ人びと、それも宗教家よりむしろ科学者が（〈エホバの証人〉〔聖書に基づいてエホバの信仰を説く宗教運動の一派〕は例外だが）、私たちは世界の究極的な破局に近づきつつあるのかもしれない、と思っている。これは合理的で、科学的に主張しうる直観である。初期キリスト教徒のころの事態は、まったく違っていた。彼らはローマ帝国がその権力と栄光の絶頂にあったときに、その小さな部分に住んでいた。破局を警告する徴候は何もなかった。しかしこのわずかな貧しいパレスチナのユダヤ人の集団は、この強大な世界が間もなく崩壊するという確信をいだき続けていた。現実的には、確かに彼らは間違っていた。イエスの再臨が実現しなかった結果として、イエスの死と復活とは、福音書において新しい長い時代の始まりをなすものと解釈され、コンスタンティヌス大帝〔キリスト教を初めて公認宗教としたローマ皇帝。在位三〇六－三三七年〕以後は、イエスの仲介的な役割を教皇の教会に移そうとする試みがなされた。結局、実際には教会が——理論的にはそうではないのだが、事実上は——新しい長い時代においてイエスの代わりを務めることになった。

初期のキリスト教をたいていの人びと以上に真剣に受け止めることによって初めて、自らの道徳的確信のみに基づいて当時の世の中に対する裁断を下した、このわずかな人びとの集団のほとんど信じがたいほどのラディカリズムを、実感することができるのである。一方、ユダヤ人の大多数は、必ずしも住民の中の最も貧しく最もしいたげられた部分には属していなかったので、別の道を選んだ。彼らは新しい時代が始まったと信じることを拒み、メシアを待ち続けた。メシアは正義と平和と愛の王国が、終末論的な意味ではなく歴史的な意味で確立されうる段階に、人類(それもユダヤ人だけでなく)が到達したときに現われるはずであった。

新しいほうの〈Q〉典拠は、初期キリスト教がさらに発展した段階に起源を発している。ここにおいてもまた、同じ原理が見いだされるのであって、悪魔がイエスを試みる物語は、それを非常に簡潔な形で表現している。この物語では、物を持ちたいという欲望、権力への渇望、その他の持つ構造の現われが非難されている。最初の試み——石をパンに変えようというもので、これは形あるものへの渇望を象徴的に表現している——に対して、イエスは答える。「人はパンだけで生きるものではなく/神の口から出る一つ一つの言葉によって生きる」(マタイ4・4、ルカ4・4)。そこで悪魔は、自然を完全に支配する力(重力の法則を変えること)を与えるという約束によって、そして最後には無限の力、すなわち地上のあらゆる国々の支配権によって、イエスを試みるが、イエスは応じない（マタイ4・5−10、ルカ4・5−12。精神分析家ライナー・フンクはこの試みは荒野において行なわれ、それによって再び出エジプト記の主題を取り上げているという事実に、私の注意を促した）。

イエスと悪魔は、ここでは二つの相反する原理の代表者として現われる。悪魔は物質的消費と、自然および〈人間〉に対する力の代表者である。イエスはあることの代表者であり、持たざることがあることの前提であるという思想の代表者である。世界は福音書の時代以後、悪魔の原理に従ってきた。しかしこれらの原理の勝利さえも、イエスが彼以前および彼以後の多くのほかの偉大な〈教師〉たちとともに表明した、あることの十全な実現への切望を滅ぼし去ることはできなかった。

あるい方向づけのために持つ方向づけを退けるという倫理的厳格主義は、エッセネ派〔紀元前二世紀ごろの教団で、神秘主義と禁欲主義を特徴とする〕や、死海写本〔一九四七年以来、死海付近の洞窟で次々と発見された旧約聖書本文その他の写本。これらを残したとされるクムラン教団は、しばしばエッセネ派と同一視される〕を生んだ教団のような、ユダヤ人の共同体的教団の中にも見いだされる。キリスト教の歴史を通じて、それは貧乏と無財産の誓いに基づいた教団の中に存続している。

初期キリスト教のラディカルな諸概念の別な現われは——程度はいろいろと異なるが——教父たちの著述の中に、見いだされる。彼らはこの点では、私有財産対共有財産の問題に関するギリシア哲学の思想からも、影響を受けている。これらの教えを詳細に論じることは紙面が許さないし、この問題に関する神学的・社会学的文献に至っては、なおさらのことである。[*7] ラディカリズムの程度にはかなりの違いがあり、また教会が制度として強力になるにつれて、それほどラディカルでない考え方への或る種の傾向が見られるが、初期の教会の思想家たちがぜいたくと強欲に対する鋭い非難と、富への軽蔑とを共有していたということは、否定できない。

ユスティノスは二世紀の半ばにこう書いている。「私たちはかつては富〔動産〕と所有〔土地〕をほかのすべてのもの以上に愛したが、今では私たちがすでに持っているものを共同財産として、それを困っている人びとと分かち合っている」。「ディオグネトゥスへの書簡」（やはり二世紀〔作者不明の護教文書。誤ってユスティノス作とされたこともある〕）に、国を持たないことに関する旧約聖書の思想を思わせる非常に興味深い一節がある。「いかなる異国も彼ら〔キリスト教徒〕の祖国であり、すべての祖国は彼らには異邦の地である」。テルトゥリアヌス（三世紀）は、すべての商売は欲の生み出したものだと考えた。そして彼は貪欲に縁のない人びとの中での商売の必要性を否定する。彼は商売は常に偶像崇拝の危険をはらんでいると言明している。強欲を彼はあらゆる悪の根源と呼んでもいる。[*8]

バシリウスにとっては、ほかの教父たちにとってもそうであったように、すべての形あるものの目的は人びとに役立つことであった。次の問いはいかにも彼らしい。「他人の衣服を奪う者は盗人と呼ばれる。しかしそれをなしうるにもかかわらず、貧しい人びとに衣服を与えない者――彼はそれ以外の名に値するであろうか」（ウッツによる引用）。バシリウスは、本来は物が共有されていたことを強調したので、彼が共産主義的傾向を代表していたと理解する著者もある。私はこの簡単な素描を、余分な物は生産することも消費することもいけない、というクリュソストモス（四世紀）の警告で終えることにする。彼は言う。「私は私のものを使うと言ってはならない。あなたはあなたと無縁のものを使うのだ。気ままで利己的な使用は、あなたのものをあなたとは無縁の何ものかにしてしまう。それゆえにこそ私はそれを無縁のものと呼ぶのだ。それもあなたがそれをかたくなな心で使い、あなたのものを用いてあなただけが生きることを、正しいと主張するからなのだ」

私有財産も、いかなる所有物の自己中心的な使用も不道徳である、という教父たちの見解は、まだ何ページも続けて引用することができるだろう。しかし先に引用したわずかな所説だけでも、私たちが見た持つ方向づけの拒否が旧約聖書の時代に始まり、初期キリスト教の時代を一貫して、さらにのちの世紀に至るまで続いていることを示している。共産制を公然と用いて諸派と戦ったトマス・アクィナスでさえ、私有財産制が正当化されるのは、それがすべての人びとの福利を達成する目的に最もよく役立つ場合のみである、と結論している。

一方、古典的仏教は旧約・新約聖書以上に、自我、永続する物質の概念、そして自己の完成への渇望さえ含めて、いかなる種類の所有への渇望をも捨て去ることが最も重要であることを強調している。[*9]

3 マイスター・エックハルト

マイスター・エックハルト（一二六〇年ごろ－一三二八年ごろ）は持つ存在様式とある存在様式との違いを、いかなる教師も凌駕《りょうが》しえない洞察力と明晰さをもって記述し、分析している。ドイツのドミニコ修道会の主要な人物として、エックハルトは博識の神学者であり、ドイツの神秘主義の最大の代表者であり、最も深遠で最もラディカルな思想家であった。彼が最大の影響を及ぼしたのは、ドイツ語で書いた説教〔当時の学問的な著述は多くラテン語で書かれていた〕によってであったが、それは彼の同時代の人びとや弟子ばかりでなく、彼以後のドイツの神秘思想家たちにも影響を与え、さらに今日でも非有神論的で、合理的で、しかも宗教的な人生哲学への真の導きを求めている人びとに影響を与えている。

以下に私がエックハルトから引用する際の典拠は、ヨーゼフ・L・クヴィントのエックハルト関係のすぐれた業績である『マイスター・エックハルト ドイツ語著作集（*Meister Eckhart, Die Deutschen Werke*）』（ここでは〈クヴィント・D・W〉と呼ぶ）と、彼の『マイスター・エックハルト ドイツ語説教論文集（*Meister Eckhart, Deutsche Predigten und Traktate*）』（〈クヴィント・D・P・T〉と呼ぶ）、およびレイモンド・B・ブレイクニーの英訳『マイスター・エックハルト』（〈ブレイクニー〉と呼ぶ）である。注意しなければならないのは、クヴィントの版は彼がこれまでに真正さが証明されたと考える部分のみを収録しているが、一方ブレイクニーのテキスト（ドイツのパイファー版から翻訳）は、クヴィントがまだ真正であると認めていない述作をも含んでいることである。しかしながら、クヴィント自身も彼の真正さの認定は暫定的なものであって、おそらくは今までエックハルトのものと推定されてきた他の著作も、多くがその真正さを証明されることになるだろう、と指摘している。出典の註記にある数字は、三つの典拠において定められたエックハルトの説教の番号である。

エックハルトにおける持つ概念

持つ様式に関するエックハルトの見解の典拠として代表的なものは、貧しさについての彼の説教であって、それはマタイによる福音書五章三節の「心の貧しい人々は、幸いである。天の国はその人たちのものである」という句に基づいている。この説教で、エックハルトは「心の貧しさとは何か」という問いについて論じている。彼はまず、外的な貧しさ、すなわち物の貧しさも美徳であり、推奨すべきことではあるけれども、自分の語っているのはその種の貧しさではないと言う。彼の語りたいのは内的な貧しさ、すなわち福音書の先の一節に言及されている貧しさであって、それを定義して彼はこう言う。「何も欲することなく、何も知ることなく、何も持つことのない者は貧しい人間である」(ブレイクニー28、クヴィント・D・W52、クヴィント・D・P・T32)

何も欲することのない人物とはだれか。禁欲的な生活を選んだ男あるいは女というのが、私たちのふつうの応答だろう。しかしこれはエックハルトのいう意味ではないのであって、彼は何も欲しないことをざんげの苦行や外面的な宗教的実践として理解する人びとを、しかっている。彼はこのような概念に賛成する人びとを、利己的な自我に執着する人びととみなす。「これらの人びとは外観によって、聖者のようだという評判を得るが、内面においては彼らはばかである。彼らは神の真理のほんとうの意味を知らないからである」(クヴィントのテキストから私が翻訳した)

これはエックハルトのかかわっている問題が、仏教思想においてもまた根本的な問題となるような種類の〈欲〉であるからである。それは貪欲、すなわち物および自らの自我への渇望である。仏陀はこの欲を人間の喜びではなく苦しみの原因であると考える。エックハルトはさらに続けて意志を持たないことについて語るが、彼は人は弱くなければならないと言っているのではない。彼が語る意志は渇望に等しく、それは人がかりたてられる意志――真の意味では意志ではないもの――である。エックハルトはさらに進んで、人は神の意志を行なうことすら欲してはならない――それもまた渇望の一形態であるから――とさえ、それを自明のこととして言う。何も欲することのない人物とは、何ものにも貪欲でない人物である――これがエックハルトの非執着の概念の本質である。

何も知ることのない人物とはだれか。エックハルトは、それは無知でおろかな存在としての人間であり、教育も教養もない者であると断定しているのだろうか。まさかそんなことはないだろう。彼の主たる努力は教育のない人びとを教育することであったし、また彼自身が偉大な学識と知識の持ち主であって、それらを隠そうとも過小評価しようともしていないのだから。

何も知ることがないというエックハルトの概念は、知識を持つことと知る行為、すなわち根元まで、ひいては事物の原因まで洞察することとの間の違いにかかわっている。エックハルトは、ある特定の思考と考える過程とを、非常にはっきりと区別する。神を愛するより神を知るほうがよいということを強調して、彼は書いている。「愛は欲望と目的とに関係があるが、一方知識は特定の思考ではなく、むしろ［すべての覆いを］はぎ取るものであり、利己心を持たず、裸で神の元へ走り寄り、神に触れ、神をいだくのである」（ブレイクニー、断片27。クヴィントは真正のものと認めていない）

しかしまた別な水準では（エックハルトは終始幾つかの水準で語る）、エックハルトはずっと極端になる。彼は書いている。

さらに言おう。何も知らない者は貧しい。私は時として言ってきた。人間は自己のためにも、真理のためにも、〈神〉のためにも生きてはいないかのごとく、生きなければならない、と。しかしその点に私はほかの或ることを付け加え、さらに先へ進まなければならない。この貧しさに到達しようとする人間は、自らのためにも、真理のためにも、神のためにも、生きていないことを知りさえしない人間のごとく、生きなければならない。そのうえ、彼は神に関する知識も彼の内に存在しなくなるほどにまで、あらゆる知識を放棄しなければならない。何となれば、或る人間の存在が〈神〉の外なる種に属するものであるなら、彼の内には他の生命はなく、彼の生命が彼自身であるからである。それゆえ私は言う。人間は彼が存在しなかったときのごとく、自らの知識を捨て、〈神〉をしてその思うところを達成させ、人間をして足かせを免《まぬか》れしめなければならない、と」（ブレイクニー28、クヴィント・D・W52、クヴィント・D・P・T32。一部分はクヴィントのドイツ語のテキストから、私が翻訳した）[*10]

エックハルトの立場を理解するためには、これらの言葉の真の意味を把握しなければならない。彼が「人間は自らの知識を捨てなければならない」と言うとき、彼の意味するのは、人は自分の知っていることを忘れるべきだということではなく、自分が知っているということを忘れるべきだということである。それはすなわち、私たちは自分の知識を所有物として、そこに安心を見いだし、それがアイデンティティの感覚を与えるものとして見るべきではないということである。私たちは自分の知識で〈満たされ〉たり、それにしがみついたり、それを渇望したりしてはならない。知識は教条《ドグマ》の特質を帯びてはならない。教条は私たちを奴隷にするからである。これらはすべての持つ様式に属する。ある様式においては、知識は思考の洞察的能動性――確信を見いだすために立ち止まるよう誘うことは決してない――以外の何ものでもない。エックハルトは続ける。

人間は何も持つべきではない、とは何を意味するのか。

さてこのことに真剣な注意を向けてほしい。私がしばしば言い、かつすぐれた大家たちが同意しているのは、次のことである。〈神〉を入れるに値する住まいとなり、〈神〉が行なうにふさわしい住まいとなるためには、人間はさらにあらゆる［彼自身の］物と［彼自身の］行為とから、心の中においても外においても、自由にならなければならない。今、私は別のことを言おう。もし、或る人間が物、生きもの、彼自身、そして神を放棄し、しかも〈神〉が彼の内に行なう場所を見いだすようであれば、その時私は言う。その［場所］が存在するかぎり、この人間は最も心の内なる貧しさにおいては貧しくない、と。〈神〉が行なうための場所を人間が保存することは、〈神〉の意図ではないからである。何となれば、真の心の貧しさは、人間が〈神〉をも彼のすべてのわざをも捨てることを、要求するからである。そのため、もし〈神〉が魂の中で行なうことを望むなら、彼自身が行なう場所とならなければならない——そしてそれを彼は望むであろう……。かくして私は言う。人間は〈神〉が行なう場所となることも、またその場所を持つこともないほどに、貧しくなければならない、と。或る場所を保存することは、区別を保持することである。それゆえ私は〈神〉に私を神から解放するように祈る（ブレイクニー、二三〇－二三一ページ）。

エックハルトは、持たないという彼の概念をこれ以上ラディカルに表現することは、できなかっただろう。何よりもまず、私たちは自分の物や自分の行為から自由にならなければならない。これは何も所有してはならず、何もしてはならないということを意味してはいない。それの意味するところは、自分が所有するもの、自分が持つものに、また神にさえも、縛られ、自由を奪われ、つなぎとめられてはならない、ということである。

エックハルトはさらに違った水準で持つ問題に接近して、所有と自由との関係を論じている。人間の自由は、所有、仕事、そして最後には私たちが自我に縛られる範囲内に限定されている。私たちの自我に縛られること（クヴィントは原文の中世ドイツ語の、*Eigenschaft* を *Ich-bindung*、あるいは *Ichsucht*、すなわち〈自我の束縛〉、あるいは〈病的自己中心性《エゴマニア》〉と訳している）によって、私たちは自分を阻害するのであって、実を結ぶことも、自己を十全に実現することも、妨げられるのである（クヴィント・D・P・T、序論二九ページ）。神学者ディートマー・ミートが次のように主張しているのは、私の考えではまったく正しい。すなわち、真の生産性の条件としての自由は自我を捨てること以外の何ものでもなく、それはパウロ的な意味での愛が、あらゆる自我の束縛から自由であるのと同様である、ということだ。束縛を受けず、物や自我に執着することへの渇望から自由であるという意味での自由は、愛と生産的にあることとの条件である。私たちの人間的な目的は、エックハルトによれば、十全にあることに到達するために、自我の束縛、自己中心性、すなわち持つ存在様式の足かせを取り除くことである。エックハルトにおける持つ方向づけの性質に関して、ミート(一九七一年)ほど私自身と似た考えを表明した著者を、私は見いだしたことがない。彼は〈人びとの財産構造(*Besitzstruktur des Menschen*)〉という言い方をするが、それは私の理解しうるかぎり、私が〈持つ様式〉、あるいは〈持つ存在構造〉と言うのと同じである。彼は自己の内なる財産構造の打破について語るときに、マルクス主義の〈収奪〉〔ここでは、持てる者から財産を取り上げること〕に言及して、これこそ最もラディカルな形の収奪であると付け加えている。

持つ存在様式において問題になるのはさまざまな持つ対象ではなく、私たちの人間としての態度全体である。すべての物が、何でもが、渇望の対象となりうる。日常生活で使う物、財産、儀礼、善行、知識、思想。それらはそれ自身として〈悪い〉わけではなく、悪くなるのである。すなわち私たちがそれらに執着するとき、それらが自由をそこなう鎖となるとき、それらは私たちの自己実現を妨げるのである。

エックハルトにおけるある概念

エックハルトはあることを二つの、関連はあるが異なった意味に用いている。より狭い心理学的な意味では、あることが表わすのは人間を推進する現実の、しばしば意識されない動機づけであって、それは行為や意見自体、つまり行ない考える人物とは切り離された行為や意見と、対照をなすものである。クヴィントはいみじくもエックハルトを、魂の非凡な分析者（*genialer Seelenanalytiker*）と呼んでいる。「エックハルトが倦むことなく続けるのは、人間行動の最もひそかなつながり、心の最も深い底での利己心や意図および意見の動きを明らかにすることであり、感謝や報酬を熱烈に求める気持ちを弾劾することである」（クヴィント・D・P・T、序論二九ページ。翻訳はフロム）。隠された動機へのこの洞察によって、エックハルトがフロイト以後の読者に訴える力は非常に大きい。というのは、その読者はフロイト以前の産物で今なお広まっている行動主義的見解、すなわち行動と理念とは、二十世紀の初めに原子がそう考えられていたのと同じように分割できない、二つの究極的なデータであると主張する単純な見解を乗り越えているからである。エックハルトはこの考え方を数多くの所説で証明したが、中でも次にあげるものが特徴的である。「人びとは何をなすべきかより、自分が何であるかを考えるべきである……。かくしてなすべきことの数や種類でなく、善くあることに重点をおくように心掛けよ。あなたの仕事のよって立つ基本を、むしろ重視せよ」。私たちがあることこそが実在であり、私たちを動かす精神であり、私たちの行動を推進する性格である。対照的に、私たちの動的な核心から切り離された行為や意見は、実在性を持たない。

第二の意味はより広く、より基本的である。すなわち、あることは生命、能動性、誕生、再生、流出、横溢、生産性である。この意味では、あることは持つこと、自我の束縛、自己中心主義の反対である。エックハルトにとって、あることは忙しいという現代的な意味ではなく、自らの人間的な力の生産的表現という古典的な意味において能動的である、ということを意味する。能動性は彼にとっては、「自分の外へ出ること」（クヴィント・D・P・T6、翻訳はフロム）を意味するのであって、彼はそれを多くの絵画的な描写で表現している。彼はあることを「沸騰する」過程、「生み出す」過程と呼び、「自らの内にも外にも流れ流れる」何ものかと呼ぶ（エルンスト・ベンツほか、クヴィント・D・P・T、三五ページに引用、翻訳はフロム）。時として彼は能動的性格を表わすために、走るというシンボルを用いる。「平和へ走れ！　走る状態、平和を目指して絶え間なく走る状態にある人間は、聖なる人間である。彼はたえず走り、動き、走りながら平和を求める」（クヴィント・D・P・T8、翻訳はフロム）。能動性の別な定義はこうである。能動的に生きている人間は、「満たされるにつれて大きくなり、決して満ちることのない器」のようである（ブレイクニー、二三三ページ、クヴィントは真正のものと認めていない）。

持つ様式を打破することが、すべての真の能動性の条件である。エックハルトの倫理体系における至高の美徳は、生産的な内的能動性の状態であって、その前提はあらゆる形の自我の束縛と渇望を乗り越えることである。

第二部　二つの存在様式の基本的な違いの分析

第四章　持つ様式とは何か

1　取得型社会——持つ様式の基礎

私たちは私有財産、利益、そして力を存在の柱として、それらに依存する社会に生きているので、判断が極端にかたよっている。取得し、所有し、利益をあげることは、産業社会の中の個人の神聖で奪うことのできない権利である。[*11] どうして財産を得たかは問題ではない。また所有によって財産の所有者にいかなる義務も課せられない。原理はこうである。「私の財産がどこでいかにして取得されたか、またそれをどうするかは私だけの問題である。法を犯さないかぎり、私の権利は無制限であり、絶対的である」

この種の財産を私有（*private*）財産（ラテン語の*privare*（奪う）から）と呼ぶことができるのは、それを所有する人あるいは人びとだけがその主人であって、彼らはそれを使用したり楽しんだりする権利を、他人から奪う完全な力を持っているからである。私的所有権は自然で普遍的な範疇のことであると考えられているが、（有史以前を含めて）人間の歴史全体、とくに経済を人生の主たる関心事とはしない、ヨーロッパ以外の諸文化を考えると、それは実際には通則というよりは、むしろ例外なのである。私有財産のほかに、次のものがある。自己蓄積財産、これはもっぱら自分自身の働きの結果である。限定財産、これは同胞を援助する義務によって限定されている。機能的、あるいは個人的財産、これは仕事の道具あるいは楽しみの対象からなる。共有財産、これはイスラエルのキブツのように、一つの集団が共通のきずなの精神で共有する。

社会の機能を律する規範は、その構成員の性格（社会的性格）をも形づくる。産業社会においては、その規範は財産を取得し、それを守り、それを増やす、すなわち利益をあげる、という願望であり、財産を所有する人びとはすぐれた存在として賞賛され、羨望される。しかし大多数の人びとは資本や資本財という真の意味での財産を持たないので、次のような難問が生じる。こういう人びとは、財産を取得し、守るという彼らの情熱をいかにしてかなえることが、いやそもそも処理することが、できるのか。また、彼らは言うに足るほどの財産を持たないのに、いかにして財産の所有者のような気分を味わうことができるのか。

もちろん、だれの目にも明らかな答えはこうである。たとえ財産を持たない人びとでも、何かを所有している——そして彼らは自分たちのわずかな所有物を、資本の所有者が彼らの財産を大切にするのと同様に大切にする。しかも大きな財産の所有者と同じように、貧しい人びとも自分が現在持っているものを保存し、それをごくわずかでも増やそうという願望（たとえばここで一セント、かしこで二セントと節約して）にとりつかれている。

おそらく最大の楽しみは、物を所有することよりも、生きものを所有することにあるだろう。

家父長制社会では、最も貧しい階級の最もみじめな男でさえ、財産の所有者となることができる——彼が絶対的な支配者としての気分を味わうことのできる妻、子供、動物との関係において。少なくとも家父長制社会の男にとっては、多くの子供を持つことが、所有権を獲得するために働く必要もなく、資本投下もなしに人間を所有しうる唯一の方法である。出産の苦しみのすべてが女のものであることを考えると、家父長制社会で子供を作ることが女に対する露骨な搾取という問題であるのは、ほとんど否定できない。しかしながら、母親はまた母親で独自の形態の所有権、すなわち幼い時期の子供の所有権を持っている。この堂々めぐりは果てしのない悪循環となる。夫は妻を搾取し、妻は幼い子供を搾取し、青年期の男はやがて年長の男たちに加わって女を搾取する、など。

　家父長制的な秩序における男の主導権は、ざっと六千年ないし七千年続いてきたが、今なお最も貧しい国々や、社会の最も貧しい階級の中では、これが支配的である。しかしながら、比較的豊かな国や社会では、それはしだいに減少しつつある——女、子供、そして青年の解放は、社会の生活水準が上がるときに、その上がり方に応じて行なわれるもののようである。人間に対する、旧式で家父長制的な所有権がしだいに崩壊してゆくとき、完全に発達した産業社会の平均的な市民やより貧しい市民は、財産を取得し、守り、そして増やす情熱を、今やどこでかなえることになるのだろう。その答えは、所有権の範囲を広げて、友人、恋人、健康、旅行、美術品、神、自我まで含めるというところにある。財産に関する市民《ブルジョワ》的な強迫観念については、哲学者マックス・シュティルナーがあざやかに描き出している。人は物に変貌し、彼らのお互いの関係は所有権の性格を帯びる。〈個人主義〉は、その肯定的な意味では社会的な鎖からの解放を意味するが、否定的な意味では〈自己所有権〉、すなわち自分自身の成功のために自分の精力を投入する権利――そして義務――を、意味する。

自我は、私たちの財産感覚の最も重要な対象である。なぜならそれは多くのものを含むからである。からだ、名前、社会的地位、所有物（知識を含めて）、自分自身に対していだいているイメージ、および他人にいだいてほしいと思う自分のイメージ。自我は知識や熟練のような現実に持っている資質と、私たちが現実の核のまわりに築き上げる或る種の架空の資質との混合である。しかし本質的な点は自我の中身が何であるかということよりも、自我が私たち各人の所有する物と感じられ、この〈物〉がアイデンティティの感覚の基礎になるということである。

この財産論議において考慮しなければならないことは、十九世紀には強い力を持っていた或る重要な形の、財産への愛着心が、第一次世界大戦終結以来の数十年間に衰えてきて、今日ではほとんど表面に現われていない、ということである。昔は、人の所有するすべてのものが大切にされ、手入れされ、役に立つかぎり最後まで使われた。買い物は〈長持ち〉の買い物であって、十九世紀の標語としては、「古いものは美しい！」がふさわしかっただろう。今日では、保存ではなく消費が強調され、買い物は〈使い捨て〉の買い物となった。買ったものが車であれ、服であれ、小道具であれ、それをしばらく使ったあとは飽きてしまって、〈古い〉ものを処分し、最新型を買うことを熱望する。取得→一時的所持と使用→放棄（あるいは、できればよりよい型との有利な交換）→新たな取得、が消費者的な買い物の悪循環を構成するのであって、今日の標語はまさに

「新しいものは美しい！」となりうるだろう。

おそらく今日の消費者的な買い物の現象の最も顕著な例は、自家用車だろう。私たちの時代は、〈自動車時代〉と呼ぶことができる、というのは、全経済が自動車生産を中心として築かれていて、私たちの全生活が車の消費者市場の浮き沈みによって大きく決定されるからである。

車を持っている人びとにとっては、車は死活にかかわる必要品のように思われる。まだ車を持っていない人びと、とくにいわゆる社会主義国の人びとにとっては、車は喜びのシンボルである。しかしながら、車への愛情は深く長続きするものではなく、つかの間の情事のように見える。というのは、持ち主がしばしば車を替えるからである。二年経つと、いやわずか一年しか経たないのに、自動車の持ち主は〈古い車〉に飽きて、新しい車の〈うまい買い物〉を物色してまわる。物色から購入に至るまで、すべての取引は一種のゲームのようであって、時にはごまかしが主要な要素とさえなる。そして、車回しに置かれたあの最新型という最終目的に比べて、〈うまい買い物〉をすること自体が、それ以上とは言わないまでも、それと同じほどの楽しみとなるのである。

持ち主が自動車を財産として所有しながら、その自動車にこれほどはかない関心しか持たないという、一見はなはだしい矛盾のなぞを解くためには、幾つかの要因を考慮しなければならない。第一に、持ち主と車との関係に含まれる人格感喪失の要素がある。車はその持ち主の気に入っている具体的な物体ではなく、地位の象徴《ステータス・シンボル》であり、力の延長であり――自我を構築するものである。車を取得することによって、持ち主は実際に新しい自我の断片を取得したのである。

第二の要因は、たとえば六年ごとではなく、二年ごとに新しい車を買うことによって買い手の得る取得の興奮が強まるということである。新しい車を自分のものにすることは、処女をわがものとするようなものである——それは支配の感覚を強化し、それが頻繁になればなるほど、興奮は強くなる。第三の要因は、頻繁に車を買うことは、〈儲ける〉——交換によって利益を得る——頻繁な機会を意味する、ということであって、これは今日の男および女の心の奥底に根ざした満足感なのである。第四の要因は非常に重要なものである。すなわち古い刺激がすぐに単調となり枯渇してしまうので、新しい刺激を経験したいという要求である。先に刺激について論じたとき(『破壊』)、私は〈能動性を与える〉刺激と〈受動性を与える〉刺激とを区別し、次の定式を示唆した。「刺激が〈受動性を与える〉ものであればあるほど、それの強さおよび(あるいは)種類を変えなければならない。それが〈能動性を与える〉ものであればあるほど、その刺激は長く保たれ、強さと内容の変化は必要でなくなる」。五番目の、最も重要な要因は、過去一世紀半において起こった社会的性格の変化、すなわち〈貯蓄的〉性格から〈市場的〉性格への変化にある。この変化によって持つ方向づけがなくなるわけではないが、それはかなりの修正を受けるのである(この市場的方向づけの発達については、第七章で論じている)。

所有者的感覚はほかの関係、たとえば医者、歯医者、弁護士、社長、労働者との関係においても、目立っている。人びとが「私の医者」「私の歯医者」「私の労働者」などと言うのが、その現われである。しかしほかの人間を財産視する態度のほかにも、人びとは無数の物や、時には感情でさえ、財産として経験する。たとえば、健康と病気を例にあげてみよう。自分の健康を論じる人びとは、所有者的感覚で論じるのであって、彼らが言及するのは彼らの病気であり、彼らの手術であり、彼らの治療法であり——彼らの食事療法であり、彼らの薬である。彼らは明らかに健康と病気は財産であると考えている。財産としての不健康に対する彼らの関係は、たとえば持ち株がひどい下げ相場で本来の価値の一部を失いつつある、株主のそれに似ている。

観念や信条も財産となりうるし、習慣でさえ同様である。たとえば、毎朝同じ時間に同一の朝食をとる人はだれでも、その日課が少しでも変われば落ち着かない気分になりかねないのは、習慣が財産となって、それを失うことが安心感をそこなうからである。

持つ存在様式を普遍的なものとして描写したのは、多くの読者にはあまりにも否定的で一面的のように思われるかもしれない。実はそのとおりなのである。私は現状をできるだけはっきりと描写するために、この社会的に普及した態度をまず描いたのである。しかしこの描写に或る程度のバランスをとらせることのできる別な要素があるのであって、それは若い世代の中に育ちつつある、大多数の人びとの態度とはまったく異なった態度である。これらの若者の間に見いだされる消費の型は、隠された形の取得や持つことではなく、自分のしたいことをするがその報酬として何も〈長続きのする〉ものを期待しない、という純粋な喜びの表現なのである。これらの若者は遠くまで、それもしばしば苦労しながら、出かけていっては、好きな音楽を聴き、見たい場所を見、会いたい人びとに会う。彼らの目標が彼らの思っているほど価値があるかどうかは、今は問題ではない。たとえ十分な真剣さや準備や集中力を持っていないとしても、これらの若者はあえてあろうとしているのであって、報酬として何を得るかということや、何を守ることができるかということには、関心を持たない。彼らはまた、哲学的・政治的にはしばしば単純ではあるが、年上の世代よりもはるかに誠実であるように見える。彼らは市場で売れそうな〈物〉になるために絶えず自我にみがきをかけるようなことは、しない。彼らは故意にせよ無意識にせよ常に嘘をつくことによって、自分のイメージを守るようなことはないし、大多数の人びとがするように、真実を抑圧するために精力を費やすこともない。そしてしばしば、彼らはその率直さによって年長者に感銘を与える――というのは、年長者たちは真実を見たり告げたりすることのできる人びとを、ひそかに賞賛しているからである。彼らの中にはあらゆる色合いの政治的・宗教的方向づけを持った集団もあるが、特定のイデオロギーや教義を持たず、自分についてはただ〈模索している〉だけだと言うであろう者も多くいる。彼らはまだ自分をも、また実際の生活に指標を与える目的をも見いだしてはいないかもしれないが、持つためや消費するためでなく、自分自身であるために模索しているのである。

しかしながら、私の描写の中のこの肯定的要素には、修正を加える必要がある。この同じ若者たち（そして彼らの数は一九六〇年代後期以後は、目立って減少しつつある）の多くは、何ものかか**ら**の自由から何ものか**へ**の自由へと進歩してはいなかった。彼らはただ反抗しただけで、制限と従属からの自由という目的以外には、それを目指して進むべき目的を見いだそうとする試みはしなかった。彼らのブルジョワ的な親のそれと同様に、彼らの標語は「新しいものは美しい!」であって、彼らは最もすぐれた精神が生み出した思想をも含めた、あらゆる伝統に対するほとんど恐怖症的とも言える無関心ぶりを示すようになった。一種の単純なナルシシズムによって、彼らは発見するに値するすべてのものを自分で発見できると信じた。基本的には、彼らの理想は再び幼児となることであって、哲学者ヘルベルト・マルクーゼのような著者たちがそれに好都合なイデオロギーを生み出し、児童期への復帰が――成熟期への成長でなく――社会主義と革命の最終目的であるとした。彼らがまだ若くてこの陶酔感が持続するかぎりは、彼らは幸福であった。しかし彼らの多くがこの時期を過ぎたときに残ったのは、苦い失望であった。しかも彼らは根拠のある確固たる信念も得ていないし、自己の内部に中心も持っていない。しばしば彼らは失望した、無感動な人間に――あるいは、不幸な破壊の狂信者に――なって終わるのである。

しかしながら、大きな希望をいだいて出発した人びとのすべてが、失望に終わったと言うわけではない。ただ残念ながらそういう人びとの数がどれほどかを知ることは、不可能である。私の知るかぎりでは、いかなる確実な統計的データも、根拠のある見積もりも今は得られない。またたとえ得られたとしても、個人を評価する確かな方法を得ることは、ほとんど不可能である。今日では、アメリカやヨーロッパの何百万という人びとが、伝統との接触および彼らに道を示すことのできる教師たちとの接触を見いだそうとしている。しかしたいていの場合、教義や教師はあるいはごまかしであったり、あるいは大げさな宣伝にうき身をやつして堕落していたり、あるいはそれぞれの導師たちの財政や威信上の利害関係にまき込まれていたりする。まやかしにもめげずに、こういう方法からほんとうに恩恵を得る人もあり、また真剣な内的変革の意図を持たずにこれらの方法を用いる人もあるだろう。しかし新しい信奉者たちの詳細な量的および質的な分析を行なって初めて、それぞれの集団に何人属しているかを、明らかにすることができるだろう。

私の個人的な見積もりでは、持つ様式からある様式への変化に真剣に専念している若者（そして若干の年長者）の数は、あちこちに個別に散在する一握りの人間にはとどまらない。私は信じている。かなり多くの集団や個人があることを目指して進んでいることを、彼らは大多数の人びとの、持つ方向づけを超越した新しい傾向を代表していることを、そして彼らは歴史的な意義を持つ人びとであることを。少数者が歴史的発展の採る方向を示すのは、これが史上最初のことではないだろう。この少数者の存在は、持つことからあることへと、態度の一般的な変化が起こる希望を与えてくれる。この希望がいっそう現実的となるのは、これらの新しい態度の出現を可能にした要因の幾つかは歴史的な変化であって、それらを逆戻りさせることはほとんどできないからである。その変化とは、女に対する家父長の至上権の崩壊であり、子供に対する親の支配権の崩壊である。二十世紀における政治革命としてのロシア革命が失敗に終わった（中国革命の最終的な結果を判断するには早すぎる）一方で、二十世紀において勝利をおさめた革命は、まだようやく始まったばかりだが、女の革命であり、子供の革命であり、セックスの革命である。それらの原理は、すでに非常に多くの個人の意識に受け入れられていて、古いイデオロギーは日ごとにますます滑稽となってゆくのである。

2　持つことの性質

持つ存在様式の性質は、私有財産の性質に由来している。この存在様式においては、問題となるのはただ私が財産を取得すること、そして取得したものを守る無制限の権利を持つことだけである。持つ様式は他人を排除する。それは私がさらに努力して自分の財産を守り、あるいはそれを生産的に活用することを求めはしない。仏陀はこの様式での行動を渇望と評し、ユダヤ教とキリスト教は強欲と評した。それはすべての人とすべての物を或る死んだものに変貌させ、他人の力に従属させるのである。

〈私は何かを持つ〉という文章は、主体の私（あるいは彼、私たち、あなた、彼ら）と客体のOとの間の関係を、表現している。そこには主体が永続的であり、客体が永続的であるという含意がある。しかし主体には永続性があるのだろうか。あるいはまた客体にも。私は死ぬ身である。私は自分が何かを持つことを保証してくれる社会的地位を失うかもしれない。客体も同じように永続的ではない。それは破壊され、失われ、あるいはその価値を失うことがありうる。何かを永続的に持つという言い方は、永続的で破壊できない実体という幻想に基づいている。たとえ私がすべてを持っているように見えても、私は——実際には——何も持ってはいない。というのは、私が或る物を持ち、所有し、支配することは、生きる過程の中のつかの間のことにすぎないからである。

究極的には、「私〔主体〕はO〔客体〕を持つ」という論述は、私がOを所有することによって私を定義することを表わす。主体は私自身ではなく、私は私が持つものである。私の財産が私自身と私のアイデンティティの感覚を構成している。「私は私である」という論述の底にある考え方は、「私はXを持つがゆえに私である」である——Xは、私が関係するすべての自然界の物や人物に等しく、その関係は私がそれらを支配し、永続的に私のものとする力によって結ばれる。持つ様式においては、私と私の持つものとの間に生きた関係はない。それも私も物となり、私はそれを持つ。なぜなら私はそれを私のものとする力を持っているからである。しかしまた逆の関係もある。すなわちそれが私を持つのである。というのは私のアイデンティティの感覚、言い換えれば正気の感覚は私がそれ（そして可能なかぎり多くの物）を持つことにかかっているからである。持つ存在様式は、主体と客体との間の生きた、生産的な過程によって確立されるのではない。それは客体と主体の双方を物にする。その関係は死んだ関係であり、生きた関係ではない。

持つこと―力―反抗

自らの本性によって成長しようとする傾向は、すべての生きものに共通している。それゆえ、私たちは自らの構造が決定する方法で成長するのを妨げようとする、いかなる試みにも抵抗する。この抵抗が意識的であろうとなかろうと、それを突破するためには、肉体的あるいは精神的な力が必要である。生命のない物はその物理的組織の制御に対しては、原子や分子の構造に内在するエネルギーによって、さまざまな程度の抵抗をする。しかし物は使用されることに反抗して戦いはしない。生きているものに対する他律的な力（すなわち、与えられた構造に反する方向へ私たちをねじ曲げ、成長を阻害する傾向を持つ力）の使用は、抵抗を引き起こす。この抵抗はありとあらゆる形をとりうるのであって、顕在的・効果的・直接的・能動的な抵抗から、間接的、無力的、そしてしばしば無意識的な抵抗に至るまでの形がある。

制限されるのは幼児の、児童の、青年の、そして最後には成人の意志の自発的な表現であり、彼らの知識と真理への熱望であり、愛情への願望である。成長しつつある人物は、彼もしくは彼女の自律的で偽りのない欲求や関心、および彼もしくは彼女自身の意志の大部分を捨てること、そして自律的ではなく、思考と感情の社会的な型によって、それらの上に押しつけられた意志と欲求と感情を選ぶことを、強いられる。社会およびその心理＝社会的代理者としての家庭は、次の難問を解かなければならない。いかにして当人に気づかれることなく、或る人物の意志をくじくことができるか。しかし、教化、報酬、懲罰、適当なイデオロギーの入り組んだ過程によって、この課題は一般に非常にうまく解決されるので、たいていの人びとは自分は自らの意志に従っているのだと信じ、その意志自体が条件づけられ、操作されていることに気づかないのである。

この意志の抑制が最も困難なのは、性愛に関する場合である。というのは、ここで私たちがかかわるのは自然の秩序に属する強力な傾向であって、それを操作するのは、ほかの多くの欲求の場合ほど容易ではないからである。このために、社会はほかのほとんどいかなる人間的欲求にも増して、性的欲求に対して戦おうとするのである。セックスに対する悪口には、道徳的根拠（セックスは悪である）から健康上の根拠（自慰はからだに害を与える）に至るまで、さまざまな形があるが、それらを例にあげるまでもない。教会は産児制限を禁止しているが、これは実は生命の神聖さへの配慮からではなく（その配慮があれば、死刑や戦争を非難するまでに至るだろう）、生殖に役立たないセックスを悪として決めつけるためである。

セックスを抑制するために払われている努力は、もしそれがセックスそのもののためだとすれば、理解しにくいものだろう。しかしながら、セックスではなく人間の意志をくじくことが、セックスを悪いものとする理由なのである。非常に多くのいわゆる原始社会は、何らセックスのタブーを持っていない。これらの社会は搾取や支配なしに機能するので、個人の意志をくじく必要はないのである。これらの社会はセックスをおとしめる必要はないし、罪悪感を持たずに性的関係の快楽を味わうことができる。これらの社会において最も注目すべきことは、この性的自由が性的貪欲をもたらしはしないということ、比較的短い性的関係の期間を過ごしたあとで、夫婦の組み合わせができるということ、それ以後は相手を交換する欲求は持たないが、愛がなくなれば別れることも自由であること、である。これらの財産的方向づけを持たない集団にとって、セックスの楽しみはあることの表現であって、性的所有関係の結果ではない。こうは言うものの、私たちがこれらの原始社会のような生き方に戻るべきだという含意は、そこにはない——たとえ望んだとしても、できることではない。その理由は簡単であって、個別化および個人間の区別や隔たりという文明のもたらした過程は、個人の愛に原始社会におけるそれとは異なった特質を与えるからである。私たちは退歩することはできない。前へ進むことしかできない。重要なことは、新しい形の無産状態がすべての持つ社会に特徴的な性的貪欲を除去するだろうということである。

　性的欲求は独立心の一つの現われであって、人生の非常に早い時期に表現される（自慰）。それを弾劾することは、子供の意志をくじき、子供に罪悪感を負わせ、ひいては子供をいっそう従属的にするのに役立つ。性的タブーを破ろうとする衝動の大部分は、本質的には自由を回復することを目標とした反抗の試みである。しかし性的タブーの打破自体は、より大きな自由をもたらしはしない。その反抗はいわばおぼれてしまう。性的満足の中に……そして反抗者がのちに感じる罪悪感の中に。内的独立の達成のみが自由をもたらし、無益な反抗の必要に終止符を打つのである。これと同じことが、自由を回復する試みとして、禁じられたことをなそうと目指すほかのあらゆる行動についても言える。実際、タブーは性的強迫と倒錯を作り出すが、性的強迫と倒錯は自由を作り出すことはないのである。

子供の反抗にはほかにも多くの現われ方がある。清潔にしておくというしつけを受けつけないこと、食べないこと、あるいは食べすぎること、攻撃とサディズム、そして多くの種類の自己破壊的な行為。反抗はしばしば一種の全面的な〈怠業《スローダウン》とストライキ〉――世界への関心の消去、怠惰、受動性から最も病的な形の緩慢な自己破壊に至るまで――となって現われる。子供と親との間のこの権力闘争の結果が、デーヴィッド・E・シェクターの論文、「幼児の発達（Infant Development）」の主題である。あらゆるデータが次のことを示している。すなわち、子供の成長過程および児童期以後の人間の成長過程に対する他律的な妨害は、精神的病理、とくに破壊性の最も深い根源である。

しかし、自由は放任や気まぐれではないことを、はっきりと理解しなければならない。人間は特有の構造を――ほかのいかなる種とも同様に――持っていて、この構造によってのみ成長することができる。自由はすべての指導原理からの自由を意味してはいない。それは、人間存在の構造の法則（自律的制限）に従って成長することへの自由である。それは、人間の最適な発達をつかさどる法則への服従を意味する。いかなる権威も、この目的を促進するものであれば〈合理的権威〉であって、この促進は子供の能動性、批判的思考、生への信念の動員を助けることによって達成される。いかなる権威も、それが子供に押しつけるものが、その権威の目的には役立つが、子供の特有の構造の目的に役立たない他律的な規範であるときには、〈非合理的権威〉である。

持つ存在様式は財産と利益を中心とした態度であって、必然的に力への欲求――というよりは必要――を生み出す。ほかの生きた人間を支配するためには、彼らの抵抗を突破するための力が必要である。私有財産の支配権を維持するためには、他人からそれを守るだけの力を用いなければならない。彼らは私たちと同様にこれで十分ということを知らないので、私たちから財産を奪おうとするのだ。私有財産を持とうという欲求は、顕在的あるいは潜在的な方法で他人のものを奪うために、暴力を用いようという欲求を生み出す。持つ様式においては、幸福は他人に対する自己の優越性の中に、自己の力の中に、そして究極的には征服し、奪い、殺すための自己の能力の中にある。ある様式においては、それは愛すること、分かち合うこと、与えることの中にある。

3　持つ様式を支える他の要因

言語は持つ方向づけを強化するときの重要な要因である。或る人物の名前は——私たちはみな名前を持っている（そしてもし現在の非人格化への傾向が続くなら、おそらくは番号を持つだろう）——彼もしくは彼女が究極的な、不滅の存在であるという幻想を生み出す。人物と名前とは等価値となり、名前はその人物が永続的で不朽の実体である——そして過程ではない——ことを、明示する。普通名詞も同じ機能を持っている。すなわち、愛、誇り、憎しみ、喜びは一見不変の実体のようだが、このような名詞には実在性がないうえに、私たちが問題にしているのは或る人間の内部で進行している過程である、という洞察を曇らせるだけである。しかし〈テーブル〉や〈ランプ〉のように、物の名前としての名詞でさえも、誤解を招く。これらの言葉は私たちが不変の実体について語っていることを示しているが、物とは私たちの肉体組織の中に或る種の感覚を生じさせる、エネルギーの過程にすぎないのである。ところがこれらの感覚は、テーブルやランプのような特定の物の知覚ではない。これらの知覚は学習という文化的過程、すなわち或る種の感覚に特定の表象の形をとらせる過程の結果である。私たちはテーブルやランプのような物は、見たとおりに存在していると単純に信じて、社会が私たちに感覚を知覚に変貌させるように教えていることに、気づかない。ところがこの知覚によって、私たちは与えられた文化の中で生き延びることができるように、まわりの世界を操作することができる。いったんこのような表象に名前を与えてしまうと、その名前は表象の究極的かつ不変の実在性を保証するように思われるのである。

持つ要求にはさらに別の根拠がある。生物学的に与えられた生きる欲求である。私たちが幸福であれ不幸であれ、肉体は不滅を求めて努力するように私たちを促す。しかし私たちは、経験によって自分が死ぬ身であることを知っているので、その経験的証拠にもかかわらず、不滅であると自分に信じ込ませるような解決策を求める。この願望は多くの形態をとってきた。ピラミッドに葬られた自分の肉体が不滅になるというファラオたちの信念、初期の狩猟社会の幸福の猟園〔死後の楽園のこと〕に見られる、死後の生活に関する多くの宗教的空想、キリスト教とイスラム教の天国。十八世紀以後の現代社会においては、〈歴史〉と〈未来〉とがキリスト教の天国の代わりとなった。名声、高名、そして悪名でさえ――歴史の記録における脚註を保証してくれそうなものなら何でも――一片の不滅を生み出す。名声への渇望はただの世俗的な虚栄心ではない――それはもはや伝統的な来世の存在を信じない人びとにとっては、宗教的な特質を持っている（これはとくに政治的指導者の中に顕著である）。人に知られることが不滅への道を舗装し、宣伝業者が新しい聖職者となる。

しかしおそらくほかの何ものにも増して、財産の所有が不滅への渇望の実現を生み出すのであって、持つ方向づけがこれほど強力なのはそのためである。もし私の自己が私の持つものによって構成されているとすれば、持っている物が不朽であれば、私も不滅ということになる。古代エジプトから今日に至るまで――肉体のミイラ化による肉体的不滅から遺言による精神的不滅まで――人びとは、彼らの肉体的・精神的生涯を超えて生き続けてきた。遺言の法律的な力によって、私たちの財産の処分は将来の何世代にもわたって決定される。遺産相続の法律によって、私は——資産の所有者であるかぎり——不滅となる。

4 持つ様式と肛門愛的性格

持つ様式の理解への有効なアプローチは、フロイトの最も意味深い発見の一つを思い起こすことである。すなわち、すべての子供は単なる受動的な受容性の幼児期、およびそれに続く攻撃的・搾取的な受容性の時期を経たあとで、成熟に達する前に、フロイトが肛門愛的と呼んだ時期を通過する。フロイトの発見によれば、この時期はしばしば人の発達過程をずっと支配しつづけるのであって、その場合には肛門愛的性格の発達をもたらす。すなわち、生きるための力を主として、金や物を、感情、身ぶり、言葉、精力とともに、持ち、節約し、ためることに向ける性格である。それは吝嗇《りんしょく》な人物の性格であって、ふつうはほかの特性、たとえば人並み以上に規律正しいとか、几帳面であるとか、強情であるというような特性と結びついている。フロイトの概念の重要な一面は、金銭と排泄物——黄金と汚物——の象徴的な結びつきであって、彼はその多くの実例をあげている。肛門愛的性格をまだ成熟に達していない性格とする彼の概念は、実は十九世紀の市民社会に対する鋭い批判である。というのは、その社会では肛門愛的性格の諸特質が道徳的行動の規範を構成するとともに、〈人間性〉の表現とみなされていたからである。金銭＝排泄物というフロイトの等式は、意図的ではないが暗黙のうちに、市民社会の働きとその所有欲を批判しているのであって、『経済学・哲学草稿』におけるマルクスの金銭論に比肩しうるだろう。

この文脈においては、フロイトがリビドー、つまり性的衝動の発達の或る特別な時期を一次的と考え、性格形成を二次的と考えたこと（私の意見では、性格は生涯の初期における対人的布置《ふち》〔個人の周囲にある刺激や条件の集まりのこと〕の産物であり、とりわけその形成を促進する社会的条件の産物である）は、たいして重要ではない。問題はフロイトの次の見解である。すなわち、所有への支配的な方向づけは十全な成熟が達成される以前の時期に現われ、もし永続的になればそれは病的であるということ。言い換えれば、フロイトにとっては、持ち、所有することのみに専念する人物は神経症であり、精神的に病める人物である。それゆえ、大多数の構成員が肛門愛的性格である社会は、病める社会ということになる。

5　禁欲主義と平等

道徳的および政治的論議の多くは、〈持つべきか持たざるべきか〉という問いに集中してきた。道徳的＝宗教的水準においては、これは禁欲的生活と非禁欲的生活との間の選択を意味し、後者には生産的な楽しみと限りない快楽とがともに含まれていた。もし単一の行為ではなく、行為の底にある態度に重点を置くならば、この選択はその意味の大部分を失う。禁欲的行動は楽しみを持たないことに常にこだわっているので、持つことと消費することへの強い欲求の否定にすぎないのかもしれない。禁欲的な人物の場合には、これらの欲求を抑圧することができるが、持つことと消費することを抑えようとする試みそのものにおいて、その人物はやはり持つことと消費することにこだわっているのかもしれない。過剰補償〔或る弱点を隠すために、その反対の特性を過度に強調すること〕によるこの自己否定は、精神分析のデータが示すように、非常に頻繁に起こる。それが起こるのは、たとえば破壊的な衝動を抑圧している狂信的な菜食主義者の場合、自分の殺人的な衝動を抑圧している狂信的な人工中絶反対論者の場合、自分自身の〈罪深い〉衝動を抑圧している〈美徳〉の狂信者の場合などである。ここで問題になるのは或る信条そのものではなく、それを支える狂信である。これはあらゆる狂信と同じように、ほかの、それもふつうは反対の、衝動を隠すのに役立っているのではないかという疑問を引き起こすのである。

経済および政治の分野での同じような誤った二者択一は、所得の野放しの不平等と絶対的平等との間のそれである。もしすべての人びとの所有物が機能的で個人的であれば、だれかが他人よりいくらか余計に持っているかどうかが、社会問題を生むことはない。というのは、所有は本質的なものではないので、羨望する気持ちが生じないからである。他方、各人の取り分がほかのだれの取り分とも厳密に等しくなければならない、という意味での平等に専念する人びとは、彼ら自身における持つ方向づけが相変わらず強く、ただ厳密な平等にこだわることによってそれが否定されているだけだ、ということを示している。この専念の背後に、羨望という彼らの真の動機づけが見えている。だれも自分より多く持ってはならないと要請する人びとは、だれかが何かを少しでも余計に持った場合に感じるであろう羨望から、こうして自分を守っているのである。問題は、ぜいたくも貧困もともに根絶させるということである。平等が意味しなければならないのは、物のひとかけらに至るまでの量的な平等ではなく、集団の違いが生活経験の違いとなるほどの所得の差異を生じさせない、ということなのである。『経済学・哲学草稿』において、マルクスはこのことを指摘して〈粗野な共産主義〉と呼んでいるが、それは「あらゆる領域で人間のパーソナリティを否定する」ものである。この型の共産主義は、「最小限の所有という前提に基づいた、このような羨望と水平化の極致にすぎない」

6 存在的な持つこと

私たちがここで問題にしている持つ様式を十全に理解するためには、さらに別な条件、すなわち存在的な持つことの機能という条件を加えることが必要であるように思われる。というのは、人間存在は私たちが生きてゆくために或る種の物を持ち、守り、手入れをし、使うことを要求するからである。このことが当てはまるのは肉体であり、食物、住居、衣服であり、必要品を作り出すのに必要な道具類である。この形の持つことは人間存在に根ざしているので、存在的な持つことと呼んでもいいだろう。これは合理的な方向を持った衝動であって、それが求めるのは生命を保つことである――それは私たちが今まで扱ってきた性格学的な持つことと対照をなす。後者は保持し、守ろうとする情熱的な動因であって、生まれつきではなく、生物学的な種としての人類に対する社会的条件の影響の結果として、発達したものである。

存在的に持つことは、あることと衝突はしない。性格学的な持つことは、必然的に衝突する。〈正しく〉〈聖者のごとき〉人びとでさえ、人間であるかぎりは存在的な意味において、持つことを欲するにちがいない——ところがふつうの人は、存在的および性格学的な意味において、持つことを欲する（『人間における自由』で、存在的と性格学的との二分法について議論したので、それを参照のこと）。

第五章　ある様式とは何か

私たちの大部分は、ある様式より持つ様式について多くを知っている。それは持つことのほうが、私たちの文化においてははるかに頻繁に経験される様式であるからである。しかしそれよりもっと重要なことが、ある様式を定義することを持つ様式を定義することよりずっと困難にしている。すなわち、これら二つの存在様式の違いの本質そのものである。

持つことが関係するのは物であり、物は固定していて記述することができる。あることが関係するのは経験であって人間経験は原則として記述できない。十全に記述できるのは、私たちのペルソナ――各人がかぶる仮面、他人に見せる自我――である。というのは、本来このペルソナは物であるからである。これとは対照的に、生きている人間は死んだ像ではなく、物のように記述することができない。というより、生きている人間はまったく記述できないものなのである。確かに私について、私の性格について、私の人生への方向づけの総体について、多くを言うことはできる。この洞察に満ちた知識は、私自身の、あるいは他人の精神構造を理解し、記述するのに大いに役立つ。しかし総体としての私、私の個性のすべて、指紋と同じように私だけにしかない私の本質は、たとえ感情移入によるとしても、決して十全には理解されえない。というのは、二人の人間がまったく同じであることはないからである。[*12] 互いに生きた関係を結ぶ過程においてのみ、相手と私は両者を隔てる障壁を乗り越えることができる。ともに生の舞踏に加わっているかぎりは。それでも相互の十全な同一化は、決して達成されえないのである。

単一の行為でさえ、十全に記述することはできない。モナ・リザの微笑について、何ページにも及ぶ記述をしたとしても、言葉は絵に表われた微笑をとらえてはいないだろう――しかし、それは彼女の微笑がそれほどにまで〈神秘的〉であるからではない。すべての人の微笑は神秘的である（市場で見られる教え込まれた、作った微笑でなければ）。だれも他人の目の中に見られる関心、熱狂、生への希求《バイオフィリア》の表情や、憎しみ、ナルシシズムの表情、そして人びとを特徴づけるさまざまな顔の表情、歩きぶり、姿勢、言葉の抑揚を、十全に記述することはできない。

1　能動的であること

ある様式には、その前提条件として、独立心、自由、批判的理性の存在がある。その基本的な特徴は能動的であるということだが、それは忙しいという外面的能動性の意味ではなく、自分の人間的な力を生産的に使用するという、内面的能動性の意味である。能動的であるということは、自分の能力や才能を、そしてすべての人間に――程度はさまざまだが――与えられている豊富な人間的天賦を、表現することを意味する。それは自分を新たにすること、成長すること、あふれ出ること、愛すること、孤立した自我の牢獄を超越すること、関心を持つこと、耳を傾けること、与えること、を意味する。しかしこれらの経験のどれ一つとして、言葉で十全に表現することはできない。言葉は経験を満たした器であり、経験は器からあふれ出る。言葉は経験を指し示すが、言葉は経験ではない。経験するものを思想と言葉のみで表現した瞬間に、その経験は消えている。それは干上がり、死に、単なる思想となってしまっている。それゆえ、あることは言葉では記述不可能であって、経験を分かち合うことによってのみ、伝達可能となる。持つ構造においては、死んだ言葉が支配する。ある構造においては、生きた、表現不可能な経験が支配する（もちろん、ある様式には生きた、生産的な思考もある）。

おそらく、ある様式を記述するには、画家のマックス・フンツィガーが私に示唆した或るシンボルによるのが最上だろう。青いガラスが光を通したときに青く見えるのは、それがほかのすべての色を吸収して通さないからである。つまり、私たちがガラスを〈青い〉と言うのは、まさにそれが青い波動をとどめないからである。それは所有するものによってではなく、放出するものによって名づけられるのである。

私たちが持つ様式、つまりあらざる様式を減らす——すなわち、安心感とアイデンティティとを見いだすために、持っているものにしがみついたり、〈それを抱いて〉いたり、自我や所有物に執着したりしなくなる——度合いに応じてのみ、ある様式は現われることができる。〈あること〉は、自己中心性と利己心を捨てることを要求する。あるいはしばしば神秘思想家の用いる言葉によれば、それは自己を〈空虚に〉し、〈貧しく〉することによってなすべきことである。

しかし、たいていの人びとにとっては、持つ方向づけを捨てることはあまりにも困難である。

そうしようとするいかなる試みも、強い不安を引き起こし、身の安全がすべて失われたような、泳ぎも知らないのに大洋に投げ出されたような、感じを覚えさせる。彼らは財産という松葉づえを捨ててしまえば、自分自身の本来の力を用いて一人で歩き始めることができるのを知らない。彼らを引き止めているのは、一人では歩けないのだ、もし持っているものによって支えられなければ倒れるのだ、という幻想である。彼らは、初めに倒れたあとで、二度と歩くことができないのではないかと思っている子供のようである。しかし自然に守られ、人の助けに守られて、人間はそうならずに済む。持つという松葉づえを使わなければ倒れるだろうと信じている人びともまた、或る程度の人の助けを必要とするのである。

2　能動性と受動性

私たちが記述した意味でのあることは、能動的であるという能力を含意している。受動性はあることを排除する。しかしながら、〈能動的〉と〈受動的〉とは、最も多く誤解される言葉に属している。そのわけは、それらの意味が今日では、古典時代や中世から、ルネサンスによって始まった新しい時代に至るまで用いられた意味と、完全に違っているからである。あることの概念を理解するためには、能動性と受動性の概念が明らかにされなければならない。

現代の用法では、能動性はふつうエネルギーの費消によって目に見える結果を生じる行動の特質と、定義される。それゆえ、たとえば土地を耕す農民は能動的と呼ばれる。そのように、流れ作業で働く労働者も、顧客に買い物を勧める販売員も、自分の、あるいは他人の金を投資する投資家も、患者を治療する医者も、切手を売る郵便局員も、書類を整理する官僚も、能動的と呼ばれる。これらの能動性の中には、ほかのものより多くの関心と集中を必要とするものもあるかもしれないが、〈能動性〉に関してはそれは問題ではない。概して言えば、能動性とは社会的に認められた目的行動であって、その結果として、それに対応する社会的に有用な変化に一致するものである。

現代的な意味での能動性は、ただ行動のみを指して、行動の背後の人物を指してはいない。それは人びとが奴隷のように外的な力にかりたてられるために能動的である場合も、不安にかりたてられる人物のごとく、内的強迫によって能動的である場合も、区別しない。彼らが大工や創作家や、科学者や庭師のように、仕事に関心を持っていようと、あるいは流れ作業の労働者や郵便局員のように、自分のしていることに何の内的関係も満足も持たずにいようと、問題ではない。

能動性の現代的な意味は、能動性と単なる忙しさとを区別しない。しかし、この二つには根本的な相違があって、それは能動性に関連した〈疎外された〉と〈疎外されない〉という用語に対応している。疎外された能動性においては、私は能動性の行動主体としての自分を経験しない。むしろ、私の能動性の結果を経験する――しかも、〈向こう〉にある何ものかとして、私から切り離され、私の上に、また私に対立して存在するものとして。疎外された能動性において、私はほんとうに働きかけはしない。私は外的あるいは内的な力によって働きかけられるのである。私は能動性の結果から切り離されてしまったのだ。精神病理学の分野で観察できる疎外された能動性は、強迫観念にとりつかれた人物の症例である。自分の意志に反して何かを――たとえば、歩数を数えたり、或る文句を繰り返したり、或る個人的な儀礼を行なったり――せよという内的衝動に強要されて、彼らはこの目標を追求することにおいては、極端に能動的になることができる。しかし、精神分析的研究が十分に示しているように、彼らは自分でも意識しない内的な力によってかりたてられているのである。疎外された能動性の例として、これと同じようにはっきりとしているのは、後催眠行動である。催眠状態から覚めたときにあれをせよ、これをせよという催眠暗示を与えられた人物は、そのとおりにするものだが、彼らは自分が望むことをしているのではなく、それぞれの施行者から先に与えられた命令に従っている、ということにはまったく気づかない。

疎外されない能動性においては、私は能動性の主体としての私自身を経験する。疎外されない能動性は、何かを生み出す過程であり、何かを生産してその生産物との結びつきを保つ過程である。このことはまた、私の能動性は私の力の現われであって、私と能動性と能動性の結果とは一体であるという意味をも含んでいる。私はこの疎外されない能動性を、生産的能動性と呼ぶ。[*13]

ここで用いる〈生産的〉という言葉は、画家や科学者が創造的である場合のように、何か新しいもの、あるいは独創的なものを創造する能力を、指してはいない。またそれは能動性の産物を指すのでもなく、能動性の持つ特質を指すのである。絵や科学論文でも、まったく非生産的、すなわち不毛であるかもしれない。一方、自分自身を深く意識している人物、あるいは一本の木をただ見るだけでなく、ほんとうに〈見る〉人物、あるいは詩を読んで、詩人が言葉に表現した感情の動きを自己の内部に経験する人物の中で進行している過程——その経過は何も〈生産〉はしないが、大いに生産的でありうる。生産的能動性は、内的能動性の状態を表わす。それは必ずしも芸術作品の創造や、科学的創造や、何か〈有用な〉ものの創造と結びつくわけではない。生産性は情緒的に欠陥がないかぎり、すべての人間に可能な性格的方向づけである。生産的な人物は、彼らが触れるすべてのものを活気づける。彼らは自己の能力を生み出し、ほかの人びとや物に生命を与える。

〈能動性〉と〈受動性〉のそれぞれが、二つのまったく異なった意味を持ちうる。単なる忙しさの意味での疎外された能動性は、実は生産性の意味においては、〈受動性〉である。一方、忙しくはないという意味での受動性は、疎外されない能動性であるかもしれない。このことを理解するのが今日これほど困難なのは、ほとんどの能動性が疎外された〈受動性〉であり、一方では、生産的受動性がめったに経験されないからである。

偉大な思想家たちによる能動性－受動性

〈能動性〉と〈受動性〉とは、前産業社会の哲学的伝統においては、現在の意味で用いられてはいなかった。それも当然であって、仕事の疎外は現在のそれに匹敵するところにまでは、至っていなかったからである。このため、アリストテレスのような哲学者は、〈能動性〉と単なる〈忙しさ〉との間の明確な区別さえ、していない。アテネでは、疎外された仕事は奴隷によってなされていた。肉体労働を含む仕事は、*praxis*（実践）の概念から除外されていたようである。

Praxis とは、自由な人物が行なう可能性のあるほとんどすべての種類の能動性のみを指す用語で、本来、アリストテレスが人の自由な能動性を表わすために用いた用語である（ニコラス・ロブコヴィッツの『理論と実践（*Theory and Practice*）』参照）。この背景を考えると、主観的に無意味で、疎外された、まったくの日課となった仕事の問題は、自由なアテネ人にはほとんど起こりえなかったのである。彼らの自由が含意していたのは、自分は奴隷ではないから、その能動性は生産的であって、自分にとって意味のあるものだという、まさにそのことであった。

アリストテレスが私たちの現在の能動性と受動性の概念を持っていなかったことを、誤解の余地なく明らかにするためには、彼にとって最高の――政治的な能動性をさえ超えた――形の実践、すなわち能動性は、真理の探求に専心する観照的生活であるということを、考えてみればよい。観照が非能動性の一つの形態であるとは、彼には考えられもしないことであった。アリストテレスは観照的生活を私たちの最上の部分、すなわち *nous*〔ギリシア語で精神、知性の意〕の能動性であると考える。奴隷も自由人とまったく同じように、感覚的快楽を楽しむことはできる。しかし、*eudaimonia* すなわち〈福利〉は快楽にあるのではなく、徳と合致した能動性にある（『ニコマコス倫理学』1177a、2以下）。

アリストテレスの立場と同じように、トマス・アクィナスの立場も、現代の能動性の概念とは対照的である。アクィナスにとっても、内的な静けさと精神的知識に専心する生活、すなわち観照的生活《ヴィタ・コンテンプラティヴァ》は、人間の能動性の最高の形である。彼はふつうの人の日常生活、すなわち能動的生活《ヴィタ・アクティヴァ》も有益であり、福利（*beatitudo*）をもたらすことを認めている。もし――この条件こそ決定的である――人の能動性のすべてが向けられる目標が福利であり、人が自己の情熱と肉体を制御することができるならば（『神学大全』2－2・182、183。1－2・4、6）。

しかし、観照的生活と能動的生活との問題は、この点をはるかに超えている。というのは、アクィナスの態度が一種の妥協であるのに対して、マイスター・エックハルトと同時代の『不可知の雲』の著者は、能動的生活の価値を鋭く否定しているし、一方、エックハルトはそれを大いに称揚する説をはっきりと述べているからである。しかしながらこの矛盾は、見掛けほどはっきりしたものではない。というのは、能動性は究極的な倫理的および精神的要請に根ざし、それを表現する場合にのみ〈健全〉であるということでは、みな一致しているからである。この理由から、これらすべての教師たちにとって、忙しさ、すなわち人びとの精神的な基礎から切り離された能動性は、退けられるべきものなのである。[*14]

人としてまた思想家として、スピノザはざっと四世紀前のエックハルトの時代に生きていた精神と価値とを、具現していた。しかし、彼はまた社会とふつうの人間とに生じた変化をも、鋭く観察していた。彼は近代の科学的心理学の創始者であり、無意識の次元の発見者の一人であって、このより深められた洞察力によって、能動性と受動性との相違を、彼の先駆者のだれよりも体系的かつ正確に分析した。

彼の『エチカ』において、スピノザは能動性と受動性（行なうことと受けること）とを、精神の作用の二つの基本的な面として区別する。行なうことの第一の規準は、行為が人間性の結果として生じることである。「行なうと私が言うのは、私たちの内部あるいは外部において、私たちを妥当な原因として何かがなされるとき、すなわち、私たちの内部あるいは外部において、私たちの本性の結果として何かが生じ、それがその本性のみによって明らかに紛れもなく理解されうるときである。一方、受ける［すなわち、スピノザの意味では受動的であること］と私が言うのは、何かが私たちの内部でなされ、あるいは私たちの本性の結果として何かが生じるが、私たちが部分的にのみその原因であるときである」（『エチカ』3、定義2）

これらの文章がわかりにくいのは、現代の読者が〈人間性〉という用語は論証しうるいかなる経験的データにも対応しない、と考えることに慣れているからである。しかし、スピノザはアリストテレスと同様に、そうは考えない。また幾人かの現代の神経生理学者、生物学者、心理学者もそうは考えない。スピノザはウマの本性がウマに特徴的であるように、人間性は人間に特徴的であると信じる。さらに彼は、善あるいは悪、成功あるいは失敗、福利あるいは苦しみ、能動性あるいは受動性の問題も、人が自分の種としての本性に最適な実現を達成しうる度合いにかかっていると信じる。私たちが人間性の典型に接近すればするほど、自由と福利は増大するのである。

スピノザの考えた人間の典型において、能動性という属性はもう一つの属性である理性と切り離すことができない。私たちが自らの存在の条件に従って行ない、これらの条件を現実的で必然的な条件として意識するかぎり、私たちは自分自身についての真実を知っている。「私たちの精神は時に行ない、時に受ける。精神が妥当な観念を持つかぎり、それは必然的に行ない、妥当でない観念を持つかぎり、それは必然的に受ける」（『エチカ』3、定理1）

欲求は能動的欲求と受動的欲求（*actiones* と *passiones*）とに分けられる。前者は私たちの存在の条件（自然のままで、病的な歪曲《わいきょく》でないもの）に根ざし、後者はこれに根ざさないで、内部あるいは外部の歪曲的条件を原因としている。前者は私たちの自由の度合いに応じて存在し、後者は内部あるいは外部の力を原因としている。すべての〈能動的情動〉は、必然的に善である。〈情熱〉〔"passion" には〈受動〉の意味もある〕は善でも悪でもありうる。スピノザによれば、能動性、理性、自由、福利、喜び、自己完成は、互いに結びついていて切り離すことができない――受動性、非合理性、束縛、悲しみ、無力、そして人間性の要請に反する努力が、そうであるように（『エチカ』4、付録2、3、5。定理40、42）。

情熱と受動性に関するスピノザの観念を十全に理解することは、彼の考え方の最後の――そして最も現代的な――段階にまで進んで初めて可能となる。すなわち、非合理的な情熱にかりたてられることは、精神的に病気であることだ、という考え方である。最適な成長を遂げるかぎり、それだけ私たちは（相対的に）自由で、強くて、合理的で、喜びにあふれるだけでなく、精神的に健康でもある。この目標に到達できないかぎり、それだけ私たちは不自由で、弱く、合理性に欠け、抑鬱的である。私の知るかぎり、スピノザは精神面の健康と病気が、それぞれ正しい生き方と間違った生き方の結果であることを自明のこととした、最初の近代思想家である。

スピノザにとっては、精神的健康は結局正しい生き方の現われであり、精神的病気は、人間性の要求に従って生きていないことの徴候である。「しかし、もし貪欲な人物が金と所有物のことばかり考え、野心的な人物が名声のことばかり考えたとしても、人は彼らを精神異常とは考えず、ただ不愉快に思うだけである。概して人は彼らを軽蔑する。しかし、実際には、貪欲や野心などは精神異常の形態なのである。ふつう人はそれらを〈病気〉とは考えないけれども」(『エチカ』4、命題44)。私たちの時代の考え方とはほど遠いこの所説において、スピノザは人間性の要求に対応しない情熱を病的とみなしている。実際、彼はそれらを精神異常の一形態とさえ呼んでいるのである。

スピノザの能動性と受動性の概念は、産業社会に対する最もラディカルな批判である。主として金や所有や名声への貪欲にかりたてられる人物は正常でよく順応している、という今日の信条とは対照的に、彼らはスピノザによって、受動的で根本的に病んでいるとみなされる。スピノザの意味での能動的な人物は、彼自身が自らの生活において体現したが、今では例外となってしまった。そして彼らはいわゆる正常な能動性にはほとんど順応していないので、〈ノイローゼぎみ〉ではないかと思われがちである。

マルクスは(『経済学・哲学草稿』において)、「自由で意識的な能動性」(すなわち人間の能動性)は「人間の種としての性格である」と書いた。労働は彼にとっては人間の能動性を表わし、人間の能動性とは生命である。一方、資本はマルクスにとって蓄積されたもの、過去、そして結局は死せるものを表わしている(『経済学批判』)。資本家と労働者との争いがマルクスに対して持っていた感情的電荷を十全に理解するためには、それが彼にとっては生と死、現在対過去、人間対物、あることと対持つこととの戦いであったことを、考えなければならない。マルクスにとっての問いは、「だれがだれを支配すべきか」――生者が死者を支配すべきか、それとも死者が生者を支配すべきか

——であった。社会主義は、彼にとっては生者が死者に勝った社会を表わしていた。

マルクスの資本主義へのすべての批判と、彼の社会主義の理想とが根ざしている概念は、人間の自発的能動性は資本主義体制においては麻痺するので、人生のあらゆる分野での能動性を回復することによって、十全な人間性を回復することを目的としなければならない、というものである。

古典学派の経済学者たちから影響された種々の定式化はあるにせよ、マルクスが決定論者であって、人間を歴史の受動的な客体とし、能動性を奪ってしまったとする決まり文句は、彼の考え方の正反対なのであって、それは文脈からはずした幾つかの孤立した文章ではなしにマルクスを自分で読む人びとなら、容易に納得するだろう。マルクスの見解は彼自身の所説に、これ以上は不可能と思われるほど明確に表現されている。「歴史は何もしない。それはいかなる膨大な富も持たない。それは『いかなる戦いも戦わない』。むしろ人間が——現実の、生きている人間こそが——すべてを行ない、所有し、戦うのである。独立した人物であるかのごとく、人間を自らの目的を遂行する手段として使用するのが〈歴史〉では、決してない。むしろ歴史とは、自己の目的を追求する人間の活動にすぎないのである」（マルクスとエンゲルス『聖家族』）

身近な現代人では、現代の能動性の受動的な性格を、アルベルト・シュヴァイツァーほどの洞察力をもって感知した人物はない。彼は文明の衰退と回復の研究において、現代の〈人間〉を不自由で、不完全で、集中力がなく、病的に従属的で、〈まったく受動的〉であると見ている。

3　現実としてのあること

　これまで私はあることの意味を記述するために、それを持つことと対比させてきた。しかし、あることには第二の同じように重要な意味があって、それは見えることと対比することによって明らかになる。もし私が親切であるように見えるが、私の親切が搾取性を隠す仮面にすぎないとすれば――もし私が勇気があるように見えるが、実は極端に虚栄心が強いか、ひょっとしたら自滅的な性格であるとすれば――もし私が祖国を愛するように見えるが、実は自分だけの利益を促進しているとすれば、外観、すなわち私の顕在的行動は、私を動機づける真の力と極端に矛盾することになる。私の行動は私の性格と異なっている。私の性格構造が行動の真の動機づけであって、それが私の現実のあり方を構成している。私の行動は、部分的には私のあり方を反映するかもしれないが、それはふつう私が持っていて、自分自身の目的のためにかぶる仮面である。行動主義は、この仮面をあたかも信頼できる科学的なデータであるかのごとく扱う。真の洞察は内的現実に焦点を合わせるが、それはふつうは意識的でもなく、直接に観察できるものでもない。あることが〈仮面をとること〉であるとする概念は、エックハルトが表明しているが、スピノザとマルクスの思想の中心でもあり、フロイトの基本的な発見である。

　行動と性格との食い違い、仮面とそれが隠す現実との食い違いは、フロイトの精神分析が達成した主要な点である。彼は幼年時代に抑圧された本能的（本質的には性的）欲求を明らかにする方法（自由連想、夢の分析、転移〔幼児期などに特定の人物に対していだいた感情を、のちに他の人物に移し替えること〕、抵抗〔抑圧された思考や感情を意識化しようとする試みに反して働く内的な抵抗のこと〕）を考案した。精神分析の理論と治療がその後発達を続けて、本能生活の分野よりも、初期の対人関係の分野における、衝撃《トラウマ》的事件〔永続的な後遺症を生じさせるほど強い精神的ショックのこと〕に重きを置くようになったときでも、原理は依然として同じであった。すなわち、抑圧されるのは初期の、そして——私の信じるところでは——のちの衝撃的欲求や恐怖であり、個々の症候やより一般的な不快感から回復する方法は、この抑圧された要素を明らかにするところにあるということで、言い換えれば、抑圧されるのは経験の非合理的・幼児的・個人的な要素なのである。

一方、正常な、すなわち社会的に順応した市民の持つ常識的な考え方は、合理的であって深層分析の必要はないと考えられてきた。しかしこれはまったく間違っている。私たちの意識的な動機づけ、観念、信条は、偽りの情報、偏見、非合理的な情熱、正当化、先入観の混合であって、その中に真実の小片があちこちに浮遊していて、すべての混合物が現実であり真実であるという、実は偽りの保証を与えてくれる。思考過程は、この幻想の汚水だまりを論理ともっともらしさの法則に従って、組織化しようと試みる。この意識水準は、現実を反映していると想像されている。それは私たちが生を組織化するために使う地図である。この偽りの地図は抑圧されない。抑圧されるのは現実の知識であり、真実であるものの知識である。そこでもし私たちが、「無意識とは何か」と尋ねたとすれば、その答えは、「非合理的な情熱のほかには、真実に対する知識のほとんどすべてである」となるにちがいない。無意識は根本的には社会によって決定され、社会は非合理的な情熱を生み出し、その構成員にさまざまな種類の作り話を供給し、ひいては真実を合理性なるものの囚人としてしまう。

真実が抑圧されるという言い方は、もちろん私たちが真実を知っていて、その知識を抑圧するという前提に基づいている。言い換えれば、〈無意識の知識〉があるという前提である。私が精神分析――他人の、そして私自身の――で得た経験は、これが確かに真実であるということである。私たちは現実を知覚するし、また知覚せざるをえない。私たちが現実に直面したとき、感覚が見たり、聞いたり、嗅いだり、触れたりするために組織化されるように、理性は現実を認めるために、すなわち物事をあるがままに見て真実を知覚するために、組織化される。私が指している現実とは、もちろん知覚するために科学的な道具や方法を必要とする部分ではない。私は集中的に〈見ること〉によって認めうるもの、とくに私たち自身と他人の内部の現実を指している。私たちは危険な人物に会ったとき、或る十全に信頼できる人物に会ったとき、そのことを知る。また嘘を言われたとき、搾取されたとき、あるいはばかにされたとき、自分をだましたとき、そのことを知る。私たちは人間行動に関して知らなければならないほとんどすべてのことを知る。私たちの祖先が星の運行に関して、驚くべき知識を持っていたように。しかし祖先が彼らの知識を意識し、それを用いたのに対して、私たちは自分の知識を直ちに抑圧する。なぜなら、もしそれが意識されたら、人生があまりにも困難な、そして私たちが自分で信じ込んでいるように、あまりにも〈危険な〉ものとなるからである。

この証拠は、容易に見つかる。それは私たちが他人および自分自身の本質に対する、深い洞察力を発揮する多くの夢の中に存在するのであって、そのような洞察力は昼間には絶対に得られないのである（私の『夢の精神分析』には〈洞察的な夢〉の種々の例が含まれている）。それは、あのしばしば起こる反応、すなわち私たちがだれかに対して突然、今までとまったく違った見方をし、それからあたかも今までずっとその知識を持っていたかのごとく感じる場合によって立証される。それは、苦痛な真実が意識の表面に浮かび上がろうとするときの抵抗現象に、見いだすことができる。またそれは言い間違いや、ぎこちない表情や、催眠状態や、人が傍白《ぼうはく》のように何かを、それも彼もしくは彼女が常に信じていると主張していたことの正反対のことを言って、それからすぐにこの傍白を忘れたように見える場合に、見いだすことができる。実際、自分が知っていることを自分自身から隠すために、非常に多くのエネルギーが使用されるのであって、このような抑圧された知識の度合いは、どのように高く見積もっても、高すぎることはない。タルムードが語る次の言い伝えは、この真実を抑圧するという概念を詩的な形で表現している。「子供が生まれると、天使がその子の頭に触れて、誕生の瞬間に持っていた真実の知識を忘れさせてしまう。もし子供が忘れなければ、その子の生活は耐えがたいものとなるだろうから」

　主要な命題に戻ろう。あることは、偽りの、幻想の姿とは対照的に、現実の姿に関連している。この意味で、あることの部分を増大しようとするいかなる試みも、自己の、他人の、まわりの世界の現実への洞察力の増大を意味する。ユダヤ教とキリスト教の主たる倫理的目的――貪欲と憎しみに打ち勝つこと――を実現するためには、仏教の中心をなし、ユダヤ教とキリスト教においても或る役割を演じる、もう一つの要因が必要である。すなわち、あることへの道は表面を突き抜けて現実を洞察するということである。

4 与え、分かち合い、犠牲を払う意志

現代社会においては、持つ存在様式は人間性に根ざしていて、それゆえ事実上変えることができないとされている。同じ考え方を表現するのが、人びとは根本的に怠惰であり、生まれつき受動的であり、物質的利益や……飢えや……罰の恐怖という刺激にかりたてられなければ、仕事もそれ以外の何事もすることを望まない、という定説である。この定説を疑う者はほとんどなく、これが私たちの教育と仕事のやり方を決定している。しかしこれは、社会的な取り決めが人間性の要求に従っていることを理由にして、その価値を証明しようとする願望の現われにほかならない。過去および現在の多くの違った社会の構成員にとっては、人間の生まれつきの利己心や怠惰という概念は、その反対の概念が私たちにとって空想的に聞こえるのと同じほど、空想的に思われるだろう。

実際には、持つ存在様式もある存在様式も、ともに人間性における可能性であり、生存を求める私たちの生物学的衝動は、持つ様式を促進する傾向を持つが、利己心と怠惰だけが人間の生来の性癖であるわけではない。

私たち人間には、ありたいという生来の深く根ざした欲求がある。それは自分の能力を表現し、能動性を持ち、他人と結びつき、利己心の独房から逃れ出たいという欲求である。この所説

の真実性を証明する証拠はあまりにも多いので、それだけで容易に一冊の本が埋まるだろう。心理学者ドナルド・O・ヘッブはこの問題の要旨を最も一般的な形に定式化して、述べている。行動に関する唯一の難問は、能動性ではなく、非能動性を説明することである、と。以下のデータは、この一般的命題の証拠となるものである。[*15]

(1) 動物行動に関するデータ。実験と直接的観察は、多くの種は物質的報酬が与えられない場合でさえ、困難な仕事を喜んでしようとすることを示している。

(2) 神経生理学的実験は、神経細胞に内在する能動性を明らかにしている。

(3) 幼児の行動。最近の研究は、幼児には複雑な刺激に能動的に反応する能力と要求があることを示している——幼児は外部の刺激を脅威として経験するので、その脅威を取り除くために攻撃性を動員する、というフロイトの仮定とは対照的な発見である。

(4) 学習行動。多くの研究が示すところによれば、児童や青年がなまけるのは、学習材料が無味乾燥な生気のないやり方で与えられるために、彼らの真の関心を呼び起こすことができないからである。もし強制や退屈がなくなり、材料が生きたやり方で与えられるならば、驚くべき能動性と創意が動員される。

(5) 仕事行動。産業社会学者ジョージ・E・メイヨーの古典的な実験の示すところでは、たとえそれ自身としては退屈な仕事であっても、それをする人びとが次のことを知っていたら、それは興味深い仕事となる。すなわち、彼らの好奇心と協力心を呼び起こすだけの能力を持ち、しかも生命力と天賦の才に恵まれた人物の行なう実験に自分が参加しているのだ、ということ。同じことが、ヨーロッパとアメリカの多くの工場において、明らかになっている。経営者が考える定型的な労働者はこうである。「労働者は、実際には能動的な参加に関心を持っていない。彼らが望むすべてはより高い賃金であり、それゆえ、利益の分配はより高い生産性の誘因となるが、労働者の参加はそうはならない」。経営者が与える労働手段に関するかぎりでは、彼らの考えは間違っていないが、経験が示すところでは――これを信じている経営者も少なくないのだが――もし労働者が自分の仕事の役割において真に能動的になり、責任と十分な知識を持つことができたら、かつては関心を持たなかった者も大いに変化し、驚くほどの創意性、能動性、想像力、そして満足感を示すのである。[*16]

（6）社会生活および政治生活に見いだされる豊富なデータ。人びとは犠牲を払うことを望まないという考えが間違っていることは、よく知られている。チャーチルは第二次世界大戦の始まったとき、イギリス国民に暗に血と汗と涙を要請したが、それによって彼は国民を躊躇させるどころか、彼らの心の奥底にある犠牲を払い、自らを与えるという人間的欲求に訴えたのであった。相手側による人口密集地域の無差別爆撃に対して、イギリス人の示した――また同様にドイツ人やロシア人の示した――反応は、共通の苦しみは彼らの意気を阻喪《そそう》させはしなかったことを証明している。それは彼らの抵抗を強めたし、恐怖爆撃が敵の士気をくじき、戦争の終結を助けると信じる人びとが間違っていることを、証明したのである。

しかしながら、犠牲を払うという人間的な決意を動員できるのは、平和時の生活ではなく、戦争と苦しみであり、平和な時代は主として利己心を助長するらしいということは、私たちの文明に対する悲しむべき批判である。幸いなことに、平和な時にも事態によっては、献身と連帯への人間的な努力が個人の行動に現われる。労働者のストライキ、とくに第一次世界大戦の時期までのそれは、このような本質的に非暴力的な行動の一例である。労働者はより高い賃金を求めたが、同時に彼らは自らの尊厳を求め、人間的連帯を経験する満足を求めて戦うために、厳しい苦難を冒し、かつそれに甘んじた。ストライキは経済的現象であると同様に、〈宗教的〉現象でもあった。このようなストライキは今日でさえまだ起こるが、現在のストライキの大部分は、経済的な理由によるものである——よりよい労働条件を求めるストライキも、最近増加しているけれども。

与え、分かち合う要求と、他人のために進んで犠牲を払う意志とは、今でも或る種の職業の人びと、たとえば看護師、医師、修道士、修道尼などの中に見いだすことができる。人を助け、犠牲を払うという目的を口先だけで唱える人びとは、これらの職業人の中にも、その大部分とは言わずとも、多くいる。しかし、かなりの数の人びとの性格は、彼らが唱えている価値と一致している。これと同じ要求が、何世紀にもわたって、宗教的にせよ、社会主義的にせよ、あるいはヒューマニズム的にせよ、多くの共同体《コミューン》において主張され、表明されているのが見られる。与えたいという願望は、（報酬なしで）献血する人びとの中に、また自分の生命を賭して他人の生命を救うような多くの事例に見られる。与える意志の現われは、心から愛する人びとの中に見られる。〈偽りの愛〉すなわち利己心の共有は、人びとをいっそう利己的にする（しかもこれはしばしば見られる例である）。心からの愛は、愛する能力と他人に与える能力とを増大させる。真に愛する人は、特定の人物に対する彼もしくは彼女の愛によって、全世界を愛するのである。[*17]

反対に、少なくない人びと、とくに若い人びとが、豊かな家庭の中で彼らを取り巻いているぜいたくや利己心に、がまんできないでいるのが見られる。子供たちは「ほしいものを何でも持っている」と考えている年長者たちの期待とは正反対に、彼らは生気のない孤立した生活に反抗する。というのは、実は彼らはほしいものを何でも持っているわけではなく、自分の持たないものをほしがっているからである。

このような人びとの顕著な例を過去の歴史からあげるなら、それはローマ帝国における金持ちの子女であって、彼らは貧しさと愛の宗教〔キリスト教のこと〕を信奉した。別の例は仏陀であって、彼は王子として望みうるかぎりの快楽とぜいたくを得ながら、持つことと消費することは不幸と苦しみを引き起こすと悟った。もっと近い例（十九世紀の後半）は、ロシアの上流階級の子女であったナロードニキである。生まれながらの怠惰と不公正の生活にもはや耐えられなくなって、これらの若者は家族を捨てて貧しい小作農の仲間となり、彼らとともに生活し、ロシアにおける革命のための戦いの礎の一つを築くことに貢献したのである。

私たちは同じような現象を、豊かな家庭環境の中での生活を退屈で無意味と思っている、合衆国やドイツの富裕階級の子女の中に目撃することができる。しかしそれ以上に、彼らには世界が貧しい人びとに対して冷淡であって、個人的な自己中心主義のために次第に核戦争の方向へ流されてゆく風潮が、がまんならないのである。かくして彼らは家庭環境に背を向け、新しい生活様式を求める——そして建設的な努力が成功する見込みがないので、不満をいだき続ける。彼らの多くは、若い世代の中でも本来最も理想主義的で感受性の強い人たちであった。しかしここに至って、伝統、成熟、経験、政治的な知恵を欠いているので、彼らは自暴自棄になり、自己の能力と可能性をナルシシズム的に過大評価し、不可能なことをも力によって達成しようとする。彼らはいわゆる革命集団を結成し、テロと破壊によって世界を救うことを期待して、自分たちが暴力と非人間性への一般的傾向に寄与しているにすぎないことを、見ようとしない。彼らは愛する能力を失い、その代わりに自分の生命を犠牲にする願望を持つようになった（自己犠牲はしばしば、愛することを熱望しながら愛する能力を失った人びとのための解決策となる。彼らは自己の生命を犠牲にすることの中に、最も高度な愛の経験を見る）。しかし、これらの自己犠牲的な若者は、愛する殉教者、すなわち生を愛するゆえに生きることを望み、自分を裏切らないために死ななければならないときにのみ死を受け入れる人びととは、大いに違っている。現在の私たちの社会の自己犠牲的な若者は、被告でもあるが、また原告でもある。私たちの社会体制の中では、最もすぐれた若者の幾人かはあまりにも孤立し、絶望的となるので、絶望から脱出する道としては、破壊と狂信しか残されていない、ということを明らかにしたことにおいて。

他人との一体化を経験したいという人間的な欲求は、人間の特徴である独特の存在条件に根ざしていて、人間行動を動機づける最も強いものの一つである。最小の本能的決定と最大の理性能力の発達との組み合わせによって、私たち人間は自然との本来の一体性を失ってしまった。完全な孤立感――実際それは私たちを狂気に陥らせるだろう――を感じないためには、私たちは同胞および自然との新しい合一を見いださなければならない。この他人との合一への人間的な要求は、多くの方法で経験される。母親、偶像、部族、国民、階級、宗教、結社、職業的組織との共棲的きずなの中に。もちろん、これらのきずなはしばしば重複し、或る種の宗派の信者やリンチを加える暴徒に見られるように、あるいは戦時の国民的ヒステリーの爆発のように、忘我的な形状を帯びることもしばしばである。たとえば第一次世界大戦の勃発は、これらの忘我的な〈一体化〉の最も極端な形態の一つを引き起こした。突然、一夜のうちに人びとは生涯の確信であった平和主義、反軍国主義、社会主義を放棄した。科学者は生涯訓練されてきた客観性、批判的思考、公正さを捨てて、大いなる〈われわれ〉に加わった。

他人との一体化の経験への欲求は、理想や確信に基づく連帯という最も高度な種類の行動のみならず、最も低級な種類の行動、すなわちサディズムや破壊の行為にも現われる。それはまた、順応への要求の主たる原因でもある。人間は死ぬことよりも、社会ののけものになることのほうを恐れるからである。すべての社会にとって決定的なことは、その社会＝経済的構造の与えられた条件のもとで、それが育成する一体化と連帯の性質であり、またそれが促進しうるそれらの性質である。

これらの考察は、人間には両方の傾向が存在することを指摘しているようである。一方は持つ

――所有する――傾向であって、その強さの根拠は究極的には生存への欲求という生物学的要因にある。他方はある――分かち合い、与え、犠牲を払う――傾向であって、その強さの根拠は人間存在の独特な条件と、他人と一体になることによって孤立を克服しようとする生来の要求にある。すべての人間の中にこの二つの矛盾した努力が存在するので、社会構造、すなわち社会の価値と規範が、この二つのいずれが優位となるかを決定することになる。所有への貪欲を育成し、ひいては持つ存在様式を育成する文化は、一方の人間の可能性に根ざし、あることと分かち合うことを育成する文化は、他方の可能性に根ざしている。私たちは、これらの二つの可能性のどちらを育てることを望むか決めなければならないが、しかしそれと同時に理解しなければならないのは、その決定に大きな力を持つのは与えられた社会の社会=経済的構造であって、それが私たちをどちらかの解決へ向かわせるのだ、ということである。

　集団行動の分野における観察から私が得た、最も確実と思われる推測によれば、両極端の集団、すなわち、持つこととあることのそれぞれの型が深くしみ込んで、ほとんど変革不可能なことがはっきりしている集団は、ごく少数であって、大多数の集団の場合は、この両方の可能性が現実にあり、そのいずれが優位を占め、いずれが抑圧されるかは、環境的要因による。

　この仮定は広く信じられている精神分析の定説、すなわち、環境は幼児期と初期児童期にはパーソナリティの発達に本質的な変化を生じさせるが、この時期以後は性格は固定し、外的な事件によってはほとんど変化しない、という定説に矛盾する。この精神分析の定説が賛成を得られたのは、ふつうは同じ社会条件が存在しつづけるので、たいていの人びとの子供のころの基本的な条件は、のちのちまでそのまま続くからである。しかし、環境の極端な変化が行動に基本的な変化をもたらした例が数多くある。すなわちその変化にとって否定的な力が育てられなくなり、肯定的な力が養成され、助長される場合である。

要約すれば、分かち合い、与え、犠牲を払う欲求の頻繁さと強さとは、人類の存在の条件を考えてみれば、驚くべきことではない。驚きに値するのは、産業（そしてほかの多くの）社会においては、利己的な行為が通則となり、連帯の行為が例外となるほどにまで、この要求を抑圧することができたということである。しかし逆説を言うようだが、まさにこの現象こそ、一体化への要求から生じているのである。取得、利益、財産を原理とする社会は、持つことを中心とする方向づけを持った社会的性格を生み出し、いったんこの型が優位を確立すると、だれもその外へ追放されることを望まないし、その中でのけものになることさえ望まない。この危険を避けるために、すべての人は多数派に順応するが、彼らが共有するのは、ただ相互の敵意だけである。

利己的な態度が優位を占めた結果、私たちの社会の指導者は、人びとを動機づけることができるのは物質的利益への期待、すなわち報酬のみであり、連帯や犠牲への訴えには人びとは反応しない、と信じている。したがって、戦時を除いてこれらの訴えはめったに行なわれず、このような訴えがどういう結果を生じるかを観察する機会は、失われてしまった。

ただラディカルに異なった社会＝経済的構造と、ラディカルに異なった人間性観のみが、買収は人びとを動かす唯一の方法（あるいは最上の方法）ではないことを、示すことができるだろう。

第六章　持つこととあることの新たな側面

1　安心感―不安感

前進しないこと、今いるところにとどまること、退歩すること、言い換えれば自分が持っているものに頼ることは、私たちを強く誘惑する。というのは、持っているものはわかっているからである。私たちはそれを固守して、それに安心することができる。私たちは未知のもの、不確かなものの中へ足を踏み入れることを恐れ、その結果、それを避ける。というのは、実際その一歩はそれを踏み出したあとでは危険に見えないかもしれないが、それを踏み出す前には、その向こうに見える新しい局面はたいそう危険に、ひいては恐ろしいものに見えるからである。古いもの、試みられたものだけが安全である。あるいはそう見える。すべての新しい一歩は失敗の危険をはらんでいて、それこそ人びとがこれほど自由を恐れる理由の一つなのである。[*18]

当然、生涯のすべての場面において、古いもの、慣れたものはそれぞれ異なっている。幼いときには、私たちは肉体と母親の乳房（本来まだ区別されていない）のみを持つ。それから、世界に対して自分を方向づけることに取りかかり、世界の中に自分のための場所を作る過程を始める。私たちは物を持つことを望み始め、母親、父親、兄弟姉妹、おもちゃを持つ。のちに知識、職業、社会的地位、配偶者、子供を取得し、それから墓地を取得し、生命保険に入り、〈遺言状〉を作ることによって、すでに一種の来世をも持つのである。

しかし、持つことによる安心感にもかかわらず、人びとは新しいものへの理想を持つ人たち、新しい道を切り開き、前進する勇気を持つ人たちを賞賛する。神話においては、この存在様式を象徴的に表わすのは英雄である。英雄とは、自分の持っているもの――土地、家族、財産――を捨てる勇気を持ち、恐れをいだかないわけではないが、恐れに屈することなく進んでゆく人たちである。仏教の伝統の中では、仏陀が英雄であって、彼はすべての所有物、ヒンドゥー教神学に含まれるすべての確信――そして身分、家族――を捨て、執着を持たない生活へと進んでゆく。アブラハムとモーセは、ユダヤ教の伝統の中の英雄である。キリスト教の英雄はイエスであって、彼は何も持たず、そして――世間の目には――何者でもないが、彼の行為はすべての人間への十全なる愛に発している。ギリシア人の持つ英雄は世俗的な英雄であって、彼らの目標は勝利であり、自負心の満足であり、征服である。しかし、精神的な英雄と同じように、ヘラクレスとオデュッセウスは、彼らを待ち受ける冒険や危険にひるむことなく前進する。おとぎ話の英雄も同じ規準、すなわち、捨てること、前進すること、そして不確実さに耐えること、に合致している。

私たちがこれらの英雄を賞賛するのは、彼らのあり方こそ自分が――もしできれば――望むあり方だと感じるからである。しかし、恐れのあまりそのようなあり方は自分には不可能であって、英雄にのみ可能なのだと信じ込む。英雄は偶像となり、私たちは自己の持つ進む能力を彼らに移し替え、自分は今いるところにとどまる――「私たちは英雄じゃないから」

この論議の含意するところは、英雄となることは望ましいことではあるが、愚かで自分のためにならない、ということであるように見えるかもしれない。決してそうではないのである。用心深い、持つ人物は安心感を味わっているが、彼らは必然的にきわめて不安定である。彼らは自分が持っているもの、すなわち、金、威信、自我――つまり、自分の外にある何ものか――に頼っている。しかし、持っているものを失ったとしたら、彼らはどうなるのか。実際、何にせよ持っているものは失われうるからである。最も明らかなことは、財産は失いうる――そしてふつうは、それとともに地位や友人も――ということである。それに生命はいつ何どき失われるかもしれないし、遅かれ早かれ、必ず失われるものなのである。

もし私が私の持っているものであるとして、もし持っているものが失われたとしたら、その時の私は何者なのだろう。間違った生き方の証人としての、挫折し、打ちしおれた、あわれむべき存在以外の何者でもない。私は持っているものを失うことがありうるので、必然的に、持っているものを失うだろうと、たえず思いわずらう。私はどろぼうを、経済的変動を、革命を、病気を、死を恐れ、愛を、自由を、成長を、変化を、未知のものを恐れる。かくして私は慢性の憂鬱病にかかり、健康を失うことだけでなく、持っているほかのいかなるものをも失うことを恐れて、絶え間なく思いわずらう。防衛的になり、かたくなになり、疑い深くなり、孤独になり、よりよくわが身を守るためにより多くを持つ要求にかりたてられる。イプセンは『ペール・ギュント』において、この自己中心的な人物をみごとに描いている。主人公は自分自身のことだけで頭がいっぱいである。彼は極端な自己中心主義によって、自分は〈欲求のかたまり〉だから、自分自身であると信じている。生涯の終わりになって、彼は自らの財産構造的な存在のために自分自身となりえなかったこと、自分は芯のないたまねぎのような存在であって、一度も自分自身ではなかった未完成の人間であることを、認めるのである。

持っているものを失う危険から生じる心配と不安は、ある様式には存在しない。もし私が、私があるところの人物であって、持つところの者でないならば、だれも私の安心感とアイデンティティの感覚とを奪ったり、脅かしたりはできない。私の中心は私の中にある。私のある能力と、自らの本質的な力を表現する能力とは、私の性格構造の一部であって、それを左右するのは私である。これは正常な生の過程に当てはまることであって、もちろん、人を無力化する病気や拷問や、その他の強力な外的制限の元では、当てはまらない。

持つことは、何か使えば減るものに基づいているが、あることは実践によって成長する（燃えてもなくならない〈燃えるしば〉〔出エジプト記3・2参照〕は、聖書におけるこの逆説の象徴である）。理性の、愛の、芸術的・知的創造の力、すべての本質的な力は、表現される過程において成長する。費やされたものは失われないで、反対に、守られているものが失われる。あることにおける安心感に対する唯一の脅威は、私自身の中にある。すなわち、生命と自分の生産的な力への信念の欠如の中に、退歩的傾向の中に、内的怠惰と、進んで他人に私の生命を譲り渡そうとする意志の中に。しかしこれらの危険は、あることに内在するものではない。失う危険は持つことに内在しているけれども。

2 連帯‐敵意

何かを愛し、好み、楽しみながら、それを持つことを望まないという経験は、鈴木大拙が日本とイギリスの詩を対比して言及した経験である（第一章参照）。西洋人にとっては、持つことと切り離して楽しみを経験することは、実際容易ではない。しかしながら、それは私たちとまったく無縁であるわけでもない。鈴木があげた花の例は、もし散歩者が花ではなく、山や草原や何か物理的に取り去ることができないものを見ているとしたら、そこには当てはまらないだろう。確かに、多くの、あるいはたいていの人びとは、決まりきったやり方でしか山を見ようとはしない。山を見る代わりに、彼らはその名と高さを知りたがる――あるいは、登りたがるかもしれないが、それもまた別な形での山の所有となりうる。しかし、真に山を見て楽しむことのできる人もある。同じことが、音楽作品の鑑賞に関しても言えるだろう。すなわち、愛する音楽を録音したものを買うことは、その作品を所有する行為となりうるのであって、おそらく美術を楽しむ人びとの大多数も、実際はそれを〈消費〉している。しかし少数の人びとは、おそらく今でも真の喜びをもって、かつ何らの〈持つ〉衝動もなしに、音楽や美術に反応しているのである。

時には、人びとの反応は顔の表情から読み取ることができる。私は最近、中国のサーカスのみごとな曲芸師や奇術師のテレビ映画を見たが、カメラは群衆の中の個人個人の反応を示すために、繰り返し観客のあちこちを映した。たいていの顔は優美で生き生きとした芸に反応して、輝き、生気を取り戻し、美しくなっていた。ただ少数の顔だけが、冷たく無感動に見えた。

所有することを望まないで楽しむ例は、小さな子供に対する私たちの反応にも、容易に見ることができる。ここでもまた、多くの自己欺瞞的行動が起こるのではないだろうか。というのは、私たちは子供を愛する人間としての役割を演じる自分を見ることを、好むからである。しかし、こういう疑惑にも理由はあるだろうが、幼児に対する真の生きた反応は決してまれではないと、私は信じる。その理由は、一つにはこうだろう。つまり、青年や成人に対する感情とは対照的に、たいていの人びとは子供を恐れていないので、自由に愛情をもって反応できると感じるからなのである。恐れが邪魔をすれば、それは不可能なのだが。

楽しみながらも、持つ渇望は覚えないという最も適切な例は、対人関係に見いだすことができるだろう。男と女が互いに楽しむには、多くの理由があるだろう。それぞれが相手の態度、趣味、思想、気質、あるいは全パーソナリティを好むかもしれない。しかし、自分の好むものをどうしても持ちたいと思う人びとの場合にのみ、この相互の楽しみの結果は、常に性的所有の欲求となる。ある様式が優位を占める人びとにとっては、たとえ相手が楽しみの対象となり、性的な魅力を持っていたとしても、彼もしくは彼女を楽しむためには、テニソンの詩の用語を用いるなら、「摘み取る」必要はない。

持つことを中心とする人物は、自分の好きな人物、あるいは賞賛する人物を持つことを望む。

このことは、親と子、教師と学生、そして友だちどうしの関係に見ることができる。どちらの側も、相手をただ楽しむだけでは満足しない。それぞれが、相手を彼もしくは彼女自身のものとして持ちたいと思う。それゆえそれぞれが、自分の相手をやはり〈持つこと〉を望む人びとに嫉妬する。それぞれは、難破した水夫が板切れを求めるように――生存のために――相手を求める。〈持つこと〉が支配する関係は、重苦しく、負担が大きく、葛藤と嫉妬に満ちている。

もっと一般的に言えば、持つ存在様式の個人間の関係における基本的要素は、競争、敵意、恐れである。持つ関係における敵意の要素は、その関係の本質に由来する。もし「私は私が持っているものである」ゆえに、持つことが私のアイデンティティの感覚の基礎であるならば、持つ願望は、多くを持ち、より多くを持ち、最も多くを持つ欲求を生むにちがいない。言い換えれば、貪欲が持つ方向づけの当然の結果である。それは守銭奴の貪欲にも、利益を追求する人間の貪欲にも、女狂いや男狂いの貪欲にもなりうる。彼らの貪欲を構成するものが何であれ、貪欲な人物は決して十分に持つことができないし、〈満足〉することもできない。空腹のような、肉体の生理による一定の飽和点を持つ生理的要求とは対照的に、精神的貪欲――たとえ肉体を通じて満足を与えられようとも、すべての貪欲は精神的である――は飽和点を持たない。なぜなら、それを完全に充足したとしても、それが克服するはずの内的な空虚、退屈、孤独、抑鬱が満たされることはないからである。そのうえ、持っているものは何らかの形で奪われることもありうるので、そのような危険に対して自己の存在を強化するためには、人はより多くを持たなければならない。もしすべての人がより多く持つことを望むならば、すべての人は自分の持っているものを奪おうとする隣人の攻撃的な意図を、恐れるにちがいない。そのような攻撃を防ぐために、人は自分も強くなり、予防攻撃の備えをしなければならない。そのうえ、どれほど大量に生産しても、限りない欲求に歩調を合わせることは決してできないから、最も多くを得る戦いにおいて、個人間に競争と敵意が生まれるにちがいない。そして絶対的豊かさの状態に到達しえたとしても、争いはなおも続くだろう。肉体的健康において、魅力において、天賦において、才能において、より少なくしか持たない人びとは、〈より多く〉を持つ人びとに苦い羨望をいだくだろう。

持つ様式とその結果としての貪欲が、必然的に人間どうしの敵意と争いとをもたらすということは、個人と同じく国民に対しても当てはまる。というのは、持つことと貪欲を主たる動機づけとする人びとが国民を構成しているかぎり、国民は戦争をせざるをえないからである。彼らは必然的に、他の国民の持っているものを切望し、戦争や、経済的圧力や、おどしによって、ほしいものを得ようと試みる。彼らはまず第一に、より弱い国民に対してこれらの手順を用いることによって、攻撃を掛けるべき相手の国民よりも強力な同盟を結成する。たとえほどほどの勝ちめしかない場合でも、国民が戦争をするのは、経済的に苦しんでいるからではなく、より多くを持ち、征服しようとする欲求が、社会的性格の中に深くしみ込んでいるからなのである。

もちろん、平和な時代もある。しかし恒久的な平和と、一時的な現象である平和、すなわち力を集め、産業と軍隊を再建している時期とを——言い換えれば、永続的な調和の状態である平和と、本質的には休戦にすぎない平和とを——区別する必要がある。十九世紀と二十世紀には休戦の時期もあったが、これらの時代を特徴づけるのは、歴史の舞台の上の主役たちの間の、慢性的な戦争状態である。国民間の恒久的な調和的関係の状態としての平和は、持つ構造にある構造が取って代わったときに初めて可能である。所有と利益への努力を助長しながら平和を建設できるという考えは、幻想であり、しかも危険な幻想である。なぜならそれは人びとに、性格のラディカルな変革か戦争の永続か、という明らかな選択に直面していることを認めさせないからである。これは実際、昔ながらの選択である。指導者は戦争を選び、人びとは彼らに従った。今日および明日においては、新しい兵器の破壊力の信じがたいほどの増大によって、その選択はもはや戦争ではなく——双方の自殺である。

国際戦争に当てはまることは、階級闘争についても同じように真実である。階級間の闘争は、本質的には搾取する側と搾取される側との闘争であって、貪欲の原理に基づく社会においては、常に行なわれてきた。搾取の要求も可能性もなく、また貪欲な社会的性格もないところには、階級闘争はなかった。しかし、いかなる社会においても、たとえ最も豊かな社会においても、持つ様式が優位を占める場合には、必ず階級が生まれる。すでに述べたように、限りない欲求がある以上は、最大の生産をもってしても、隣人より多くを持つというすべての人の夢に歩調を合わせることはできない。必然的に、より強い、より賢い、あるいはその他の点でより恵まれた人びとは、自分のために都合のよい立場を築こうとし、また強制と暴力あるいは暗示によって、より力のない人びとにつけ込もうとする。圧迫された階級は、彼らの支配者をくつがえそうとする、といったぐあいである。階級闘争はあるいは暴力性を減じるかもしれないが、貪欲が人間の心を支配するかぎり、それが消滅することはありえない。貪欲な精神に満ちたいわゆる社会主義世界における階級なき社会の観念は、貪欲な国民どうしの永続的平和の観念と同じように、幻想で——そして危険で——ある。

ある様式においては、私的に持つこと（私有財産）にほとんど情緒的な重要性はない。なぜなら私には何かを楽しむために、あるいは使うためにも、それを所有する必要がないからである。ある様式においては、何人もの人が——いや何百万という人びとが——同じ物の楽しみを分かち合うことができる。なぜなら、それを楽しむ条件として、だれもそれを持つことを必要と——また望みも——しないからである。これは争いを避けるだけでなく、楽しみを分かち合うという最も深遠な人間的幸福の一つの形態を創造する。（個性を制限することなく）人びとを合一させる最上のものは、或る人物への賞賛と愛を分かち合うこと、思想を、音楽を、絵画を、シンボルを分かち合うこと、儀礼を分かち合うこと——そして悲しみを分かち合うことである。分かち合う経験は、二人の個人の関係に生命を与え、またその生命を維持する。それはすべての偉大な宗教的・政治的・哲学的運動の基礎である。もちろんこのことが当てはまるのは、個人が真に愛し、あるいは賞賛するかぎりにおいてであり、またその度合いに応じてである。宗教運動や政治運動が硬直化するとき、官僚制が人びとを暗示やおどしによって管理するとき、分かち合いは終わる。

　自然は性行為において、楽しみを分かち合うことのいわば原型——あるいはシンボル——を創案したが、経験的には、性行為は必ずしも分かち合う楽しみではない。行為者たちはしばしばあまりにもナルシシズム的で、自己中心的で、所有欲が強いので、ただ同時的快楽とは言えても、分かち合った快楽とは言えない。

しかしながらほかの点で、自然はこれほど紛らわしくないシンボルを与えることによって、持つこととあることを区別している。男根の勃起はまったく機能的である。男性は勃起を財産や永続的な資質のように、持つわけではない（いかに多くの男がそれを持ちたいと思うかは、だれでも推測できることだが）。男根は男が興奮状態にあるかぎり、彼の興奮を引き起こした人物を欲するかぎり、勃起状態にある。もし何らかの理由で、何かがこの興奮を妨げたら、男は何も持たない。しかもほかのほとんどあらゆる種類の行動とは対照的に、勃起は見せかけができない。あまり知られていないが、最も卓越した精神分析学者の一人であるジョージ・グロデックは、よく論評したものである。男は結局数分間だけ男なのであって、ほとんどの場合、彼は小さな子供なのだ、と。もちろん、グロデックの言う意味で男が小さな子供になるというのは、男の総体的なあり方においてではなく、多くの男にとって彼が男であることを証拠だてる、まさにその面においてである（私が書いた一九四三年の論文「性と性格（Sex and Character）」参照）。

3　喜び－快楽

マイスター・エックハルトは、生きていることは喜びをもたらすと教えた。現代の読者は、〈喜び〉という言葉に詳しい注意を払わないで、それをあたかもエックハルトが〈快楽〉と書いたかのごとく読みがちである。しかし、喜びと快楽との区別は決定的であって、ある様式と持つ様式との区別に関しては、とくにそうである。この違いを十分に認めることが容易でないのは、私たちが〈喜びなき快楽〉の世界に生きているからである。

快楽とは何か。この言葉はいろいろ違った意味で用いられてはいるが、一般の人びとの頭の中にあるその用法を考えると、満足させるために能動性（生きているという意味での）を必要としない欲求の満足、と定義するのが最上であるように思われる。このような快楽は、きわめて強烈なものとなりうる。社会的成功を得ること、より多くの金を稼ぐこと、くじに当たること、お決まりの性的快楽、「心ゆくまで」食べること、レースに勝つこと、飲酒、恍惚、薬物のもたらす心の高揚状態、サディズムを満足させ、あるいは生きているものを殺したり、ばらばらにしたりする情熱を満足させる快楽。

もちろん、金持ちになったり、有名になったりするためには、個人は忙しいという意味で大いに能動的にならなければならないが、それは〈内なる誕生〉の意味においてではない。目的を達成したとき、彼らは「わくわく」し、「強烈な満足」をおぼえ、「絶頂」に達したと感じる。だが、いかなる絶頂なのか。おそらく興奮の、満足の、恍惚状態あるいは狂乱状態の絶頂だろう。しかし、彼らがこの状態に達したのは、人間的ではあるが、人間条件の本質的に妥当な解決をもたらさないゆえに病的な情熱に、かりたてられたためかもしれない。このような情熱は、人間のより大きな成長と力をもたらすものではなく、反対に人間に壊滅的な影響を与えるものである。徹底的快楽主義者の快楽、常に新しい貪欲の満足、現代社会の快楽は、さまざまな程度の興奮を生み出す。しかし、それらは喜びをもたらさない。実際、喜びの欠如のために、常に新しく常に多くの興奮的快楽を求めることが、必要となるのである。

この点で、現代社会はおよそ三千年前のヘブライ人と同じ立場にある。イスラエルの人びとに向かって、彼らの最悪の罪の一つについて、モーセは言った。「あなたはすべてのものに豊かになっても、あなたの神、主に心から喜び楽しんで仕えようとしなかった」（申命記28・47）。喜びは生産的能動性には付きものである。それは突然に最高頂に達して終わる〈絶頂経験〉ではなく、むしろ高原であって、自己の人間としての本質的な能力の生産的表現に伴う感情の状態である。喜びは瞬間的な忘我の火ではない。喜びはあることに伴う輝きである。

快楽とわくわくする気分とは、いわゆる絶頂に達したあとの悲しみをもたらす。というのは、わくわくする気分は経験したが、器は成長していないからである。内的な力は増していない。人は非生産的な活動の退屈さを打破しようと試み、しばらくの間は自分の精力のすべてを――理性と愛を除いて――一つにした。人間になってもいないのに、超人になろうと試みた。勝利の瞬間までは成功したように思われるが、勝利に続いて深い悲しみが襲う。自己の内部では何も変化していないからである。「交わりのあとの動物は悲しい（*Post coitum animal triste est*）」という格言は、同じ現象を愛なきセックスに関連して表現している。それは強烈な興奮の〈絶頂経験〉があるために、快楽とわくわくした気分に満ちていて、必然的にそれが終わることによる失望を伴う。セックスの喜びは、肉体的交わりが同時に愛することの交わりであるときに、初めて経験される。

当然予期されるように、喜びはあることを人生の目的とする宗教および哲学の体系において、中心的な役割を果たすにちがいない。仏教は快楽を退けるが、涅槃《ねはん》の状態を喜びの状態と考え、それを仏陀の死に関する言い伝えや絵に明らかにしている（有名な仏陀の死の絵によって、このことを私に指摘した鈴木大拙に感謝する）。

旧約聖書とそれ以後のユダヤ教の伝統は、貪欲の満足から生じる快楽を戒める一方、喜びの中に、あることに伴う気分を見いだしている。詩篇の最後は全体として一つの大いなる喜びの賛歌である十五篇の聖歌群であるが、力強い聖歌は恐れと悲しみに始まり、喜びと楽しみに終わっている。[*19] 安息日は喜びの日であり、メシアの時代においては、喜びが支配的な気分となるだろう。預言者の書には、次のような喜びの表現が満ちている。「その時、おとめは踊って喜ぶ／若者も老人も一緒になって。私は彼らの嘆きを喜びに変え／彼らを慰め、悲しみに代えて喜びを与える」（エレミヤ書31・13）、そして「あなたがたは喜びのうちに／救いの泉から水を汲《く》む」（イザヤ書12・3）。神はエルサレムを「誉《ほま》れある都、喜びの町」（エレミヤ書49・25）と呼ぶ。

同じことが、タルムードにおいても強調されている。「ミツヴァー［宗教的義務を果たすこと］の喜びは、聖霊を得る唯一の道である」（ベラコート31、a）。喜びはあまりにも基本的なものとみなされているので、タルムードの律法によれば、死後一週間も経たない近親者に対する喪《も》も、安息日の喜びによって中断しなければならない。

ハシディーム［〈敬虔派〉を意味し、紀元前三世紀ごろに生まれたユダヤ教の一派。十八世紀にも同名の宗派が生まれた］の運動は、詩篇の一節から取った「喜びをもって神に仕えよ」を標語としたが、その創造した生活形態においては、喜びが顕著な要素の一つをなしていた。悲しみと抑鬱は明白な罪ではないとしても、精神的なあやまちとみなされた。

キリスト教の発展においては、福音書（gospel）という名——〈楽しい便り〉——が、楽しみと喜びの占める中心的な位置を示している。新約聖書においては、喜びは持つことを放棄した結果であり、悲しみは所有物に執着する者の味わう気分である（たとえば、マタイによる福音書13・44、および19・22参照）。イエスの多くの発言において、喜びはある様式の生き方には付きものであると考えられている。使徒たちへの最後の言葉の中で、イエスは最終的な形の喜びを語っている。「これらのことを話したのは、私の喜びがあなたがたの内にあり、あなたがたの喜びが満たされるためである」（ヨハネによる福音書15・11）

先に指摘したように、喜びはエックハルトの考え方においても、至高の役割を演じる。ここにあげる彼の言葉には、笑いと喜びの持つ創造力の観念の最も美しく詩的な表現の一つがある。「神が魂に向かって笑い、魂が神に向かって笑い返すとき、三位一体の位格〔父、子、聖霊という神のそれぞれのあり方〕が生まれる。誇張して言えば、父が子に笑いかけ、子が父に笑い返すとき、その笑いは楽しみを与え、その楽しみは喜びを与え、その喜びは愛を与え、そして愛は聖霊がその一つをなすところの、〔三位一体の〕位格を与える」（ブレイクニー、二四五ページ）

スピノザも彼の人類学的＝倫理学的体系において、喜びに至高の地位を与える。「喜びとは」と彼は言う。「人間がより小さな完成からより大きな完成へ、推移することである。悲しみとは、人間がより大きな完成からより小さな完成へ、推移することである」（『エチカ』3、定義2、3）

スピノザの所説を十全に理解することは、それらを彼の全思想体系の文脈の中に置いてみて初めて可能となる。堕落しないためには、私たちは〈人間性の典型〉に近づくように努力しなければならない。すなわち、最適に自由で、合理的で、能動的でなければならない。自己のなりうるものにならなければならない。これが私たちの本性の生来の可能性である善として、理解されるべきものである。スピノザが理解する〈善〉は、「目の前に掲げた人間性の典型に、私たちがますます近づくための手段になることが確かなすべてのもの」であり、彼が理解する〈悪〉は、「反対に……私たちがその典型に到達するのを妨げることが確かなすべてのもの」（『エチカ』4、序言）である。喜びは善であり、悲しみ（原文は *tristitia* で、〈嘆き〉〈陰気〉と訳すほうがよい）は悪である。喜びは美徳であり、嘆きは罪である。

したがって喜びは、自分自身になるという目的に近づく過程において、私たちが経験するものなのである。

4　罪と許し

ユダヤ教とキリスト教の神学思想におけるその古典的概念では、罪は本質的に、神の意志への不服従と等しい。このことは、両者に共通して信じられている最初の罪の起源である、アダムの不服従に、きわめて明らかに現われている。ユダヤ教の伝統では、この行為はキリスト教の伝統の場合のように、アダムの子孫のすべてが受け継ぐ〈原〉罪としては理解されず、ただ最初の罪——必ずしもアダムの子孫には存在しない——として、理解された。

しかし共通の要素は、神の命令が何であれ、それへの不服従は罪であるという見解である。このことは何も驚くには当たらない。つまり、聖書の物語のその部分における神のイメージは、東洋における皇帝〔"king of kings"――古代東方諸国の王が用いた称号で、キリスト教において、神もしくはキリストの意味に用いられる〕の役割にならった、厳格な権威のイメージであることを考えてみればよい。また次のことを考えてみれば、それが驚くに値しない理由はいっそうはっきりする。すなわち、教会はほとんど最初から社会秩序に順応していたのであって、その社会秩序は、現在の資本主義におけるのと同じく当時の封建制においても、それが機能するために、各個人が自らの真の利益に役立つか否かを問わず、法には厳重に服従することを要求した、ということである。法がいかに圧制的であるか、あるいはいかに寛容であるか、また法を実施する手段がいかなるものであるかは、中心的な問題、すなわち、人びとは武器を持った〈法を行なう〉役人だけでなく、一般に権威を恐れるようにならなければならない、という問題に関するかぎり、どうでもよいことである。この恐れだけでは、国家が正常に機能するための十分な保証にはならない。市民はこの恐れを内面化し、服従を道徳的および宗教的範疇、すなわち罪に変貌させなければならない。

人びとが法を尊重するのは、恐れからだけでなく、自己の不服従に対する罪悪感からでもある。この罪悪感は、権威そのものだけが与えうる許しによって、克服することができる。このような許しの条件は、罪人が悔い改め、罰せられ、罰を受け入れることによって再び屈服することである。罪（不服従）↓罪悪感↓新たな屈服（罰）↓許しという連鎖は、それぞれの不服従行為がいっそう強化された服従をもたらすゆえに、悪循環である。ごくわずかな人びとだけは、このようなことでおじけづくことはない。プロメテウスが彼らの英雄である。ゼウスが最も残酷な罰で彼を苦しめるにもかかわらず、プロメテウスは屈服しないし、また罪悪感もいだかない。彼は神々から火を盗んで人間に与えることは、同情の行為であることを知っていた。彼は服従しなかったが、罪は犯さなかった。彼は人類のほかの多くの愛情深い英雄(殉教者)のように、不服従と罪との等式を克服したのであった。

しかし、社会は英雄でできてはいない。食卓が少数者だけのために用意され、多数派は少数者の目的に奉仕しながら、残りもので満足しなければならなかったその間は、不服従は罪であるという意識を養成しなければならなかった。国家も教会もそれを養成し、両者は協力した。両者ともに自己の階級組織を守らなければならなかったからである。国家は、不服従と罪とを融合させるイデオロギーを得るために、宗教を必要とした。教会は、国家によって服従の美徳を教え込まれた信者を必要とした。両者ともに家族制度を利用したが、その機能は子供が自己の意志を明らかにした最初の瞬間から(ふつうは、遅くとも排便のしつけとともに)、服従を教え込むことであった。子供に将来、市民として正常に機能するように準備をさせるために、子供の我意をくじかなければならなかった。

昔ながらの神学的および世俗的な意味における罪は、権威主義的構造の中での概念であって、この構造は持つ様式に属している。私たちの人間としての中心は私たちの内部にはなく、私たちが屈服する権威の中にある。私たちが福利に到達するのは、自己の生産的能動性によってではなく、受動的な服従とその結果としての権威による是認によってである。私たちは指導者(世俗的ぁるいは精神的、すなわち王もしくは女王、あるいは神）を持ち、その指導者への信仰を持つ。私たちは安心感を持つ……私たちが――何者でもないかぎり。屈服が必ずしも屈服として意識されないこと、それは穏やかな場合も厳しい場合もありうること、精神的および社会的構造は総体として権威主義的とはかぎらず、部分的にのみそうであるかもしれないこと、などのために見失ってはならないのは、社会の権威主義的構造を内面化すればするほど、持つ様式において生きることになる、という事実である。

神学者アルフォンス・アウアーが非常に簡潔に強調しているように、権威、不服従、罪についてのトマス・アクィナスの概念は、ヒューマニズム的概念である。すなわち、罪は非合理的権威への不服従ではなく、人間の福利の侵犯である。[*20] したがって、アクィナスは次のように述べることができる。「私たちが自己の福利に反して行なうのでなければ、神をはずかしめることはできない」（『対異教徒大全（*Summa Contra Gentiles*）』3、122）。この立場を十分に理解するために考慮しなければならないことは、アクィナスにとって人間の善（*bonum humanum*）を決定するのは、純粋に主観的な欲求の気まぐれでもなく、本能的に与えられた欲求（ストア派の意味で〈自然の〉）でもなく、神の気まぐれな意志でもないということである。それを決定するのは、人間性およびそれに基づいて私たちに最適な成長と福利をもたらす規範に対する、私たちの合理的な理解である（注意すべきことは、教会の忠実な子として、また革命的党派に対する当時の社会秩序の支持者として、アクィナスは非権威主義的倫理の純粋な代表者ではありえなかった、ということである。彼が両方の種類の不服従に対して、〈不服従〉という言葉を使ったために、彼の立場に内在する矛盾はあいまいになってしまった）。

不服従としての罪は権威主義的構造、すなわち持つ構造の一部であるが、それはある様式に根ざした非権威主義的構造においては、まったく違った意味を持つ。この違った意味もまた、聖書における人間の堕落の物語に含まれていて、その異なった解釈によって、理解できるのである。神は人をエデンの園に置いて、生命の木からも善悪を知る木からも取って食べてはならない、と警告した。「人が独りでいるのは良くない」〔創世記2・18〕と考えて、神は女を創造した。男と女は一体とならなければならない。二人とも裸であったが、「互いに恥ずかしいとは思わなかった」〔2・25〕。この論述はふつう昔ながらの性的慣習、すなわち、生来男と女は性器を露出すれば恥ずかしく思うものだと想定する慣習の立場から、解釈されている。しかし、これが原文の言おうとするすべてであるとは、とうてい考えられない。もっと深いところでこの論述に含まれていると思われる意味は、男と女は互いに総体として直面したが、恥ずかしいとは思わなかった、というより思うことができなかったのであって、それは、彼らが相手を他人として、切り離された個人としてではなく、〈一体〉として経験したからだ、ということである。

この前人間的状況は、堕落以後にラディカルな変化を遂げ、男と女は十全な人間、すなわち理性、善悪の意識、切り離された存在としてのお互いの意識、自分たちは本来の一体性をそこなわれて、互いに他人となったという意識を持った人間となる。互いに近くにいるが、切り離され、隔てられていると感じる。彼らはこの世の最も深い恥ずかしさを覚える。すなわち、仲間と〈裸で〉向かい合い、同時に相互の疎隔《そかく》を経験し、お互いを切り離す、言いようのない深淵を経験するという恥ずかしさを。「彼らはいちじくの葉をつづり合わせ、腰に巻くものを作った」〔3・

7」。そして十全な人間としての出会い、すなわち、互いに相手を裸として見ることを避けようとした。しかし恥ずかしさは、罪悪感と同様に隠すことによって取り除くことはできない。彼らは互いに愛の手を差し伸べることはしなかった。おそらく肉体的には互いに欲したであろうが、肉体的結合は人間の疎隔をいやすことはない。彼らが互いに愛し合っていないことは、相互の態度に暗示されている。つまり、イヴはアダムを守ろうとはしないし、アダムは罰を免れるために、イヴを罪を犯した者として弾劾し、彼女を弁護しようとはしない。

彼らが犯した罪は何だろう。切り離され、孤立し、利己的で、愛の結合行為によって分離を克服することのできない人間として、互いに向かい合うことである。この罪は、私たちの人間的存在自体に根ざしている。生まれつきの本能によって生活を決定される動物の特徴である、自然との本来の調和を奪われ、かつ理性と自意識を与えられているので、私たちはほかのすべての人間から、完全に切り離されていることを経験せざるをえない。カトリックの神学においては、互いに完全に切り離され、隔てられて、愛による橋渡しもないというこの存在状態が、〈地獄〉の定義となっている。それは私たちには耐えられない。私たちは絶対的な分離という拷問を、何らかの方法で克服しなければならない。屈服によって、あるいは支配によって、あるいは理性と意識を沈黙させようとすることによって。しかし、これらの方法はすべて一時的に成功するだけであって、真の解決への道をふさぐ。私たちをこの地獄から救う方法はただ一つ、自己中心性の牢獄を出て、手を差し伸べ、世界と一体となることだけである。もし自己中心的な分離が基本的な罪であるとするならば、その罪を償うものは愛の行為である。〈償い（atonement）〉という言葉自身が、この概念を表わしている。というのは、その語源が中世英語で合体を表わした"*atonement*"〔〈一体化〉の意〕に由来するからである。分離の罪は不服従の行為ではないので、それは許される必要はない。しかし、それがいやされる必要は確かにある。そして罰の受容ではなく、愛がそれをいやす要因なのである。

ライナー・フンクが私に指摘したところでは、非合一としての罪の概念は、イエスの非権威主義的な罪の概念に従った、幾人かの教父によって表現されているのであって、フンクは次の諸例〔神学者アンリ・ド・リュバックの著作から〕を示している。教父オリゲネスは言っている。「罪のあるところには多様性がある。しかし、美徳の支配するところには単一性があり、合一がある」。証聖者マクシムスの言うところによれば、アダムの罪によって人類は、「私のものとあなたのものとの間の葛藤もなく、調和した全体であるはずなのに、砂ぼこりのような個人の集まりに変貌した」。アダムにおける本来の合一の破壊については、類似の思想が聖アウグスティヌスの考え方にも、またアウアー教授が指摘するように、アクィナスの教えにも見いだされる。ド・リュバックは要約してこう言っている。「〈回復（*Wiederherstellung*）〉〔万人万物が最終的に神の意志に一致すること〕の働きとして救済という事実が必要となるのは、失われた合一の復活として、すなわち神への神秘的合一、また同時に人間相互の合一の回復としてであるように思われる」〔翻訳はフロム。さらに罪の問題すべての検討のためには、『ヒューマニズムの再発見』の中の「罪と悔悟《かいご》の概念」も参照のこと〕

要約すれば、持つ様式、ひいては権威主義的構造において罪は不服従であり、それは悔悟↓罰↓新たなる屈服となって、克服される。ある様式、すなわち非権威主義的構造においては、罪は解消されていない疎隔であり、それは理性と愛の十全な開花によって、また一体化によって、克服される。

実際、堕落の物語はどちらにも解釈できるが、それは物語自体が権威主義的要素と解放的要素との混合であるからである。しかし、それぞれにおける不服従および疎外としての罪の概念自体は、完全に対立するものである。

旧約聖書のバベルの塔の物語も、同じ考えを含んでいるようである。人類はここでは合一の状態に達していて、それは人類全体が一つの言語を持っているという事実に象徴されている。力を求める自らの野望によって、大いなる塔を持つ渇望によって、人びとは合一を破壊し、ばらばらになる。或る意味では、塔の物語は第二の〈堕落〉であり、歴史上の人類の犯した罪である。この物語は、神が人間の合一とそれに伴う力を恐れるために、わかりにくくなる。「彼らは皆、一つの民、一つの言語で、こうしたことをし始めた。今や、彼らがしようとしていることは何であれ、誰も止められはしない。さあ、私たちは降《くだ》って行って、そこで彼らの言語を混乱させ、互いの言語が理解できないようにしよう」（創世記11・6－7）。もちろん、同じ難解さはすでに堕落の物語にも存在する。そこでは、神は男と女が両方の木の実を食べたときに発揮するであろう力を恐れるのである。

5　死ぬことの恐れ―生きることの肯定

先に述べたように、自分の所有物を失うかもしれないという恐れは、持っているものに基づく安心感の避けがたい結果である。私はこの考えをもう一歩進めたい。

財産に執着しないこと、ひいてはそれを失うことを恐れないことは、可能であるかもしれない。しかし、生命そのものを失う恐れ――死ぬことの恐れは、どうだろう。これは老人や病人だけの恐れだろうか。それともすべての人が死ぬことを恐れているのだろうか。死ななければならないという事実は、私たちの生のすべてにしみ込んでいるのだろうか。死ぬことの恐れは、老齢や病気によって生命の限界に近づくにつれて、より強くより意識的になるばかりなのだろうか。

私たちに必要なのは、精神分析学者による大規模な体系的研究であって、それはこの現象を幼時から老年期にわたって調べ、死ぬことの恐れの意識的な現われのみならず無意識的な現われをも、扱わなければならない。これらの研究は、個人的な事例に限定される必要はないのであって、現行の社会精神分析の方法を用いて、大きな集団を調査することもできるだろう。このような研究は現在は存在しないので、私たちは多くの散在するデータから仮の結論を引き出さなければならない。

おそらく最も意味深いデータは、人間の肉体の保存を目指す多くの儀礼や信仰に現われた、不滅への深く刻み込まれた欲求であろう。一方、現代において、とくにアメリカにおいて見られる、死体の〈美容〉による死の否定も同じように、ただ死を擬装することによって死への恐れを抑圧していることの現われである。

死ぬことの恐れを真に克服するには、ただ一つの方法――仏陀によって、イエスによって、ストア派の哲学者によって、エックハルトによって、教えられた――しかなく、その方法は、生命に執着しないこと、生命を所有として経験しないこと、によるものである。死ぬことの恐れは、生きることをやめることの恐れのように見えるが、実はそうではない。死は私たちにかかわりはない、とエピクロスは言っている。「なぜなら、私たちがいる間は死はまだ来ていないし、死が来たときには私たちはいないのだから」(ディオゲネス・ラエルティオス)。確かに、死ぬ前に起こるかもしれない苦しみや痛みの恐れはありうるが、この恐れは死ぬことの恐れとは違っている。死ぬことの恐れはこのように非合理的に見えるかもしれないが、生命が所有と経験される場合には、そうではない。その場合の恐れは死ぬことの恐れではなく、持っているものを失う恐れである。それは肉体、自我、所有物、アイデンティティを失う恐れであり、アイデンティティを持たず、〈失われた〉者の深淵に直面する恐れである。

持つ様式に生きているかぎり、それだけ私たちは死ぬことを恐れなければならない。いかなる合理的な説明も、この恐れを除いてはくれないだろう。しかし、まさに死のうとするときでさえ、それを軽減することはできるのであって、それは生命へのきずなをさらに主張することによって、また私たち自身の愛をも燃え立たせるような他人の愛に反応することによって、可能なのである。死ぬことの恐れをなくすことは、死の準備として始まってはならないのであって、持つ様式を減らし、ある様式を増やすためのたえざる努力として始まらなければならない。スピノザが言うように、賢明な人は生について考え、死については考えない。

いかに死ぬべきかの教えは、実際いかに生きるべきかの教えと同じである。あらゆる形の所有への渇望、とくに自我の束縛を捨てれば捨てるほど、死ぬことの恐れは強さを減じる。失うものは何もないからである。[*21]

6 今ここ―過去、未来

ある様式は、今ここ（*hic et nunc*）にのみ存在する。持つ様式はただ時の中にのみ、すなわち、過去、現在、未来の中に存在する。

持つ様式においては、私たちは過去に蓄積したものに縛られる。金、土地、名声、社会的地位、知識、子供、記憶。私たちは過去について考える。そして過去の感情（あるいは感情と思われるもの）を想起することによって感じる（これが感傷の本質である）。私たちは過去である。私たちは、「私は私があったところのものである」と言うことができる。

未来は、やがて過去となるものの予測である。それは過去と同じように、持つ様式で経験され、「この人は未来を持っている」という言い方で表現されるが、その意味は、彼もしくは彼女は今はそれらを持っていないが、やがて多くの物を持つであろうということである。フォード社が広告に使っている標語は、「あなたの未来にはフォードがある」であって、未来において持つことを強調している。ちょうど或る種の商取引において、〈先物商品〉の売り買いをするように。過去を扱う場合も、未来を扱う場合も、持つという基本的な経験は同じである。

現在は過去と未来が接する点であり、時における国境駅である。しかし、それが結びつける二つの領域との質的な違いはない。

あることは必ずしも時の外にはないが、時はあることを支配する次元ではない。画家は色、キャンバス、絵筆と、彫刻家は石やたがねと取り組まなければならない。しかし創造行為、彼らが創造しようとするものの〈夢想《ヴィジョン》〉は、時を超越する。それは一瞬のうちに、あるいは多くの瞬間のうちに起こるが、そのヴィジョンにおいて時は経験されない。同じことが思想家にも当てはまる。思想を書き留めることは時の中で起こるが、思想を心にいだくことは、時の外で起こる創造的なできごとである。あることのすべての現われにおいて、同じことが言える。愛することの、喜びの、真理を把握することとの経験は、時の中で起こるのではなく、今ここで起こる。この今ここは永遠である。すなわち時を超越している。ただし、永遠とは一般に誤解されているような無限に引き伸ばされた時間ではない。

しかしながら、過去との関係について、一つ重要な限定を加えなければならない。ここで言及したのは、過去を想起し、過去について考え、反芻《はんすう》することであった。過去を〈持つ〉この様式において過去は死んでいる。しかし、人は過去をよみがえらせることもできる。過去の状況を、あたかもそれが今ここで起こっているかのごとき新鮮さで、経験することができる。すなわち、過去を再創造し、よみがえらせる（象徴的に言えば、死者を復活させる）ことができる。このようにするかぎり、過去は過去であることをやめる。それは今ここである。

未来もまた、それが今ここであるかのように経験することができる。このことが起こるのは、未来の状態が自己の経験の中であまりにも十全に予測されるために、未来は〈客観的に〉、すなわち外的事実においてのみ未来であるが、主観的経験においては未来ではなくなる、という場合である。これは真のユートピア的思考（ユートピア的白日夢とは対照的な）の本質であり、真の信念、すなわち、未来を現実として経験するためにはそれが〈未来に〉外的に実現することを必要としない信念の基礎である。

過去、現在、未来、すなわち時の概念のすべてが生活に入り込むのは、私たちの肉体的存在があるからである。すなわち、限られた一生、たえず気をつけなければならない肉体の要請、自己の生命を支えるために利用しなければならない自然界の性質。確かに、永遠に生きることはできない。死すべき身として、私たちは時を無視することも、時から逃れることもできない。夜と昼、眠りと目覚め、成長と老化のリズム、仕事によって生計を立てる必要および自分を守る必要、これらすべての要因は、生きることを望むなら時を尊重するように強いる。そして肉体は私たちに生きることを望ませる。しかし、時を尊重することと、時に屈服することとは別である。ある様式においては、私たちは時を尊重するが、時に屈服することはない。しかしこの時の尊重は、持つ様式が支配するときには屈服となる。この様式では、物が物であるばかりでなく、生きているすべてのものが物となる。持つ様式においては、時が私たちの支配者となる。ある様式においては、時は王位を失い、もはや私たちの生活を支配する偶像ではなくなる。

産業社会では、時が至高の支配者となる。現在の生産様式が要請することは、すべての行為が正確に〈時間どおり〉であること、流れ作業のベルトコンベヤーばかりでなく、そこまで露骨ではないにせよ、活動の大部分が時に支配されること、である。そのうえ、時は時であるばかりでなく、「時は金なり」である。機械は最大限に利用されなければならない。それゆえ、機械は自らのリズムを労働者に強要する。

機械を通じて、時は私たちの支配者となった。自由時間にのみ、或る選択ができるように見える。しかし、私たちはたいてい、仕事を組織化するように、余暇をも組織化する。あるいは、完全になまけることによって、時の専制君主に反抗する。時の要請にそむく以外には何もしないことによって、私たちは自由であるという幻想をいだくが、実際には時の牢獄から仮釈放されているにすぎないのである。

第三部　新しい人間と新しい社会

第七章　宗教、性格、社会

本章で扱う命題は、次のとおりである。社会の変革は、社会的性格の変革と相互に作用し合うこと、〈宗教的〉衝動は、男と女を動かして極端な社会的変革を達成するのに必要なエネルギーを寄与すること、それゆえ新しい社会は、人間の心の中に根本的な変革が起こったときに――新しい献身の対象が、現在のそれに取って代わったときに――初めて生まれるということだ。[*22]

1　社会的性格の基礎

これらの考察の出発点は、ふつうの個人の性格構造と、彼もしくは彼女が属している社会の社会＝経済的構造とは、相互に依存し合っているという説である。私は個人の精神的領域と社会＝経済的構造との混合を、社会的性格と呼ぶ（ずっと以前、一九三二年には、私はこの現象を表現するのに〈社会のリビドー構造〉という言葉を用いていた）。社会の社会＝経済的構造は、その構成員が、なさなければならないことを、したいと望むようになるまで、彼らの社会的性格を作り上げる。同時に、社会的性格は社会の社会＝経済的構造に影響を及ぼし、社会構造にいっそうの安定性を与えるセメントとして作用するか、あるいは特別な場合には、社会構造を打ち砕くのに役立つダイナマイトとして作用する。

社会的性格 対 社会構造

社会的性格と社会構造との関係は、決して静的ではない。なぜなら、この関係における二つの要素は、ともに終わることのない過程であるからである。どちらかの要因の変化は、両者における変化を意味する。多くの政治的革命家が信じているのは、第一に政治的・経済的構造をラディカルに変革することが必要であって、それから第二のほとんど必然的な段階として、人間の精神もまた変わるだろうということ、そして新しい社会がいったん確立されたら、それは半自動的に新しい人間を生み出すだろうということである。彼らが気づかないのは、新しいエリートは古いエリートと同じ性格によって動機づけられるので、革命が生んだ新しい社会＝政治的制度の中に、古い社会の諸条件を再生させる傾向を持つだろうということ、そして革命の勝利は革命としての敗北となるだろう——十全の発達を妨げられた社会＝経済的発達のための道を開いた歴史的段階としては、敗北ではないが——ということである。フランス革命とロシア革命とは、教科書的な例である。注目すべきことは、レーニンは或る人物の革命的機能にとって、性格的資質が重要であるとは考えていなかったにもかかわらず、晩年になってスターリンの性格の欠陥を鋭く見抜いて、見解に極端な変化を来たし、遺言において、これらの欠陥のゆえにスターリンを彼の後継者としてはならない、と要請したことである。

この反対側には、第一に人間の本性が――意識、価値、性格が――変わる必要があり、そののちに初めて真に人間的な社会を築くことができる、と主張する人びとがいる。人類の歴史は、彼らの間違いを証明している。純粋に精神的な変革は常に個人的な領域にとどまり、小さなオアシスに限定されてきたし、また、精神的な価値の説教とその反対の価値の実践とが結びついたときには、それはまったく無力であった。

2　社会的性格と〈宗教的〉要求

社会的性格は、或る種の型の性格を求める社会の要求を満たすこと、そして性格に条件づけられた個人の行動的な要求を満足させること以外に、さらに進んだ意味深い機能を持っている。社会的性格は、いかなる人間の生来の宗教的な要求をも充足しなければならない。はっきりさせるために言えば、私がここで使っている〈宗教〉という言葉は、必ずしも神の概念や偶像と関連した体系を指すのではなく、また宗教として意識される体系さえも指すのではなく、集団が共有する思考と行為の体系として、個人に方向づけの枠組みと献身の対象を提供するいかなるものをも指すのである。実際、この広い意味においては、過去あるいは現在のいかなる文化も、またおそらくは未来のいかなる文化も、宗教を持たないとみなすことはできない。

この〈宗教〉の定義は、その特定の内容については何も言っていない。人びとは動物、木、黄金や石の偶像、目に見えない神、気高い人物、あるいは悪魔のような指導者を崇拝するかもしれない。彼らは祖先、国民、階級あるいは党、金あるいは成功を崇拝するかもしれない。彼らの宗教がもたらすものは、破壊性あるいは愛、あるいは支配、あるいは連帯の発達かもしれない。それは彼らの理性の力を増進するかもしれないし、また麻痺させるかもしれない。彼らは自らの体系を、世俗の領域のものとは異なった宗教的な体系として意識するかもしれないし、また自分たちは宗教を持たないと考えて、力、金、成功のような或る種の世俗的な目標なるものへの献身を、実際的なもの、便宜的なものへの関心以外の何ものでもない、と解釈するかもしれない。問題は宗教であるか否かではなく、いかなる種類の宗教であるか――人間の発達と、とくに人間的な力の開花とを促進する宗教であるか、それとも人間の成長を麻痺させる宗教であるか――である。

或る特定の宗教が行動を動機づける力を持つ場合、その宗教は教義や信仰の総計ではない。それは個人の特定の性格構造に根ざすものであり、またそれが集団の宗教であるかぎりは、社会的性格に根ざしている。かくして、宗教的態度は性格構造の一面とみなすことができる。というのは、私たちは私たちが献身するものであり、献身するものは、行動を動機づけるものであるからだ。しかしながら、個人はしばしば彼らの個人的献身の現実の対象に気づきさえせずに、〈公の〉信仰を、彼らがひそかにではあるが現実に信じている宗教と間違えている。たとえば、もし一人の男が愛の宗教を口にしながら力を崇拝しているとすれば、力の宗教が彼のひそかな宗教であり、彼のいわゆる公の宗教、たとえばキリスト教はイデオロギーにすぎない。

宗教的な要求は、人類という種の存在の基本的な条件に根ざしている。人類は単独で一つの種である。ちょうどチンパンジーやウマやツバメの種がそうであるように。それぞれの種は、特有の生理学的および解剖学的特徴によって定義することが可能であるし、また実際にそのように定義されている。人類については、生物学的な観点からの一般的な合意がある。私は、人類――すなわち人間性――は精神的にも定義することができると示唆した。動物界の生物学的進化において人類が出現するのは、動物進化の二つの傾向が合するときである。一つの傾向は、本能（ここで言う〈本能〉とは、学習を排除したという時代遅れの意味ではなく、有機体的動因という意味である）による行動の決定の度合いの絶え間ない低下である。本能の性質についての見解が、多くの論争を起こしていることを勘定に入れても、動物が達した進化の段階が高ければ高いほど、その行動が系統発生的に計画された本能によって決定されることが少なくなるということは、一般に認められていることである。

本能による行動の決定の度合いの絶え間ない低下の過程は、一つの連続として表わすことができるのであって、そのゼロの端には最も下等な形の動物進化があり、この場合の本能による決定の度合いは最も高い。これは動物進化に伴って減少し、哺乳類に至って或る水準に達する。これは霊長類へ発達するうちにさらに減少するが、ここでさえサルと類人猿との間には、大きな隔たりが見いだされる（ロバート・M・ヤーキーズとアダ・W・ヤーキーズが、〔一九二九年の〕古典的な研究で示したように）。ヒト（*Homo*）の種では、本能による決定は最低限度に達している。

動物進化に見いだされるもう一つの傾向は、脳、とくに大脳新皮質の成長である。ここでもまた、進化を一つの連続として表わすことができる。一方の端には最も下等な動物がいて、最も原始的な神経構造と、比較的少数の神経細胞を持っている。他の端にはホモ・サピエンスがいて、より大きくより複雑な脳構造を持ち、とくに大脳新皮質は霊長類としての私たちの祖先と比べても三倍の大きさがあり、神経細胞間の連結に至っては、まさに途方もない数に及んでいる。

これらのデータを考慮すると、人類の定義として、進化の途中で本能による決定の度合いが最低となり、脳の発達が最高となったときに出現した霊長類である、と言うことができる。最低の度合いの本能による決定と、最高の脳の発達とのこの組み合わせは、動物進化において今まで起こったことがなく、生物学的に言って、完全に新しい現象を生み出しているのである。

本能の命令によって行動する能力を欠き、一方では自意識、理性、想像力——最も利口な霊長類の用具的思考〔要求を満足させるための手段としての思考〕の能力をさえ超える新しい資質——の能力を所有しているので、人類は生存するためには、方向づけの枠組みと献身の対象とを必要とした。

私たちの自然的および社会的世界の地図——世界およびその中での私たちの位置の絵図であって、構造と内的結合力を持っている——がなければ、人間は混乱してしまって、目的と首尾一貫性とをもって行動することができないだろう。というのは、自分を方向づける方法もなく、各個人にぶつかってくるすべての印象を組織化するための基準となる、固定した一点を見いだす方法もないからである。まわりの人びととの意見の一致によって、世界は私たちにとって意味を持つようになり、私たちは自分の考えに自信を持つようになる。たとえ地図が間違っていたとしても、それは心理学的な機能を果たす。しかし、地図が完全に間違っていたことはない——

また完全に正しかったこともない。それは常に十分な近似値として現象を説明し、生きる目的に役立ってきた。人生の慣習が矛盾と非合理性から自由であるかぎりにおいてのみ、地図は現実と一致していると言えるのである。

印象的な事実は、このような方向づけの枠組みが存在しない文化は見いだされていない、ということである。これは個人においても同様である。しばしば個人として、このような総合的な絵図を持っていることを否認し、人生のさまざまな現象やできごとには、それぞれの場合に応じて、自分の判断力の導くままに反応している、と信じている人びともあるだろう。しかし容易に明らかにできることだが、彼らが自己の哲学を当然のことと考えているのは、ただそれが彼らにとって常識にすぎないからなのであって、彼らは自分のすべての概念が一般に受け入れられた準拠枠に基づいていることに、気づいていない。このような人物が総体として根本的に違った人生観に直面すると、それを〈常軌を逸している〉とか、〈非合理的〉とか、〈子供じみている〉と判断し、一方自分はまったく〈論理的〉であると考える。準拠枠への根深い要求は、とくに子供の場合に明らかである。或る年ごろの子供はしばしば、利用できるわずかなデータを用いて、巧みに自分自身の方向づけの枠組みを作り上げる。

しかし、地図だけでは行為の指標として十分ではない。私たちには、どこへ行くべきかを教えてくれる目的も必要である。動物にはこのような問題はない。彼らの本能は、目的とともに地図を与えてくれる。私たちは本能による決定を欠くうえに、脳によって、進みうる多くの方向を考えることが可能なので、私たちに必要なものは全面的な献身の対象、すなわちすべての努力の焦点であり、すべての事実上の――宣言したものだけでなく――価値の基礎である。このような献身の対象が必要であるのは、エネルギーを一つの方向に向けて統合するためであり、ありとあらゆる疑いと不安を持った私たちの孤立した存在を超越するためであり、人生に対して意味を求める私たちの要求に答えるためである。

社会＝経済的構造、性格構造、宗教的構造は、互いに切り離すことができない。もし宗教体系が広く行き渡った社会的性格と一致しなければ、もしそれが社会的な生活慣習と葛藤を生じさせるならば、それはイデオロギーであるにすぎない。私たちはその背後に、現実の宗教的構造を探さなければならない。それを宗教的構造としては――性格の宗教的構造に内在する人間のエネルギーがダイナマイトの作用をして、与えられた社会＝経済的条件を弱めるのに役立つ場合は別として――意識していないかもしれないが。しかしながら、支配的な社会的性格にも常に個人的例外があるように、支配的な宗教的性格にも、個人的例外がある。彼らはしばしば宗教革命の指導者となり、新しい宗教の創始者となる。

すべての〈高等な〉宗教の経験的核心としての〈宗教的〉方向づけは、これらの宗教の発達の途上でほとんどがゆがめられてきた。ひとりひとりが自分の個人的方向づけについて、意識的にどう考えているかは問題ではない。彼らは自分ではそう考えなくても〈宗教的〉であるかもしれない――あるいは、自分ではキリスト教徒だと考えていても、非宗教的であるかもしれない。私たちは宗教の概念的および制度的な面は別として、その経験的内容を表わす言葉を持っていない。それゆえ、私は経験的・主観的方向づけにおいては、引用符を用いて〈宗教的〉と言うのだが、これはその人物の〈宗教性〉を表現する概念的構造とは、何のかかわりもないのである。[*23]

3　西洋世界はキリスト教的か

歴史書およびたいていの人びとの意見によれば、ヨーロッパのキリスト教への改宗が初めて行なわれたのは、コンスタンティヌス大帝のもとのローマ帝国においてであり、続いて〈ドイツ人の使徒〉ボニファキウス〔イングランドの修道士で本名はウィンフリード。ドイツを中心に伝道し、殉教した。ラテン名はボニファティウスとも言う。六七二？－七五四年〕により、北ヨーロッパの異教徒が改宗し、さらに八世紀にもその他の改宗があった。しかし、ヨーロッパは真にキリスト教化したことがあるのだろうか。

この問いに対しては一般に肯定的な答えが与えられるにもかかわらず、より綿密な分析によって明らかになることは、ヨーロッパのキリスト教への改宗は大部分がまやかしであったこと、せいぜい十二世紀から十六世紀にかけて、キリスト教への限られた改宗があったと言える程度だということ、そしてこの時期以前および以後の数世紀においては、改宗は大部分がイデオロギーへの改宗であり、教会への多かれ少なかれ真剣な屈服であって、多くの真にキリスト教的な運動はあったけれども、それらを除けば、改宗は心、すなわち性格構造の変革を意味してはいなかった、ということである。

前述の四百年の間に、ヨーロッパはキリスト教化しはじめていた。教会はキリスト教の原理を財産の運用、物の値段、貧者の援助に適用することを強制しようとした。多くのやや異端的な指導者や教派が出現したが、それは主として、財産を持つことへの非難をも含めてキリストの説いた原理への復帰を要請する、神秘主義の影響によるものであった。マイスター・エックハルトにおいて頂点に達した神秘主義は、この反権威主義的でヒューマニズム的な運動において決定的な役割を演じたが、その中で女性が神秘主義を教える場合にも学ぶ場合にも重きをなしたのは、決して偶然ではない。世界宗教や単純で非教条主義的なキリスト教の観念が、多くのキリスト教の思想家によって表明された。聖書の神の観念すら疑わしいものとなった。ルネサンスの神学的あるいは非神学的ヒューマニストは、彼らの哲学や彼らの描いたユートピアにおいて、十三世紀の傾向を継承した。そして実際、中世後期（中世ルネサンス）とルネサンス自体とをはっきりと分かつ線は存在しない。ルネサンスの最盛期と後期の精神を示すために、フレデリック・B・アーツの要約的描写を引用しよう。

中世の偉大な思想家たちは、すべての人間は神の目に平等であって、最も身分の低い者でも社会的に無限の価値を持っていると考えていた。経済面では、彼らは働くことは尊厳のもとであって堕落のもとではないこと、いかなる人間も自身の福利に無関係な目的のために利用されてはならないこと、正義が賃金や物の値段を決定しなければならないことを教えた。政治面では、彼らは国家の機能は道徳的なものであること、法律とその執行にはキリスト教の正義の観念がしみ込んでいなければならないこと、支配者と被支配者との関係は、常に相互義務に基づいていなければならないことを教えた。国家、財産、家庭は、それらを支配する人びとに神から委託されたものであって、それらは神の目的を促進するために利用されなければならない。最後に、中世の理想は、すべての国民や民族は一つの大きな共同体の一部であるという強い信念を含んでいた。ゲーテが言ったように、「国民の上に人類がある」。あるいはイーディス・キャヴェル〔イギリスの看護師で、第一次大戦時にイギリス、フランス、ベルギーの兵士たちの逃亡を助けたためにドイツ軍に銃殺された。一八六五－一九一五年〕が一九一五年、死刑の前夜に、彼女が持っていた『キリストにならいて』〔中世の神秘思想家トマス・ア・ケンピスの著作で、聖書に次ぐキリスト教の古典〕の余白に書いたように、「愛国心だけでは足りない」のだ。

実際、もしヨーロッパの歴史が十三世紀の精神で続いていたならば、それが科学的な知識と個人主義の精神を、ゆっくりと進化的に発達させていたならば、私たちは今では幸福な状態になっているかもしれない。しかし、理性は操作的な知性へと、そして個人主義は利己心へと、堕落しはじめた。キリスト教化の短い時期は終わり、ヨーロッパは本来の異教へ戻った。

考え方においてはいかに違っていても、一つの信仰がキリスト教のいかなる分派をも定義している。すなわち、同胞への愛によって自らの生命を与えた救世主としてのイエス・キリストへの信仰。彼は愛の英雄であり、権力を持たず、力を用いず、支配することを望まず、何も持つことを望まない英雄であった。彼はあることの、与えることの、分かち合うことの英雄であった。これらの資質は、自らの利己心のために窒息していたローマの金持ちの何人かと同様に、貧しい人びとの心にも深く訴えた。知的な観点からは、せいぜい単純と考えられる程度であったが、イエスは人びとの心に訴えたのだ。この愛の英雄への信仰は、何十万という信者を獲得し、その多くの者は生活慣習を変え、あるいは自ら殉教者となった。

キリスト教の英雄は殉教者であった。というのは、ユダヤ教の伝統の場合のように、最高の達成は神のため、あるいは同胞のために生命をささげることであったからである。殉教者は、ギリシアやゲルマンの英雄に代表される異教の英雄の正反対である。これらの英雄の目標は、征服し、勝ち、破壊し、奪うことであり、彼らの生の充足は、誇り、力、名声、すぐれた殺しの腕前であった（聖アウグスティヌスは、ローマの歴史を盗賊の群れの歴史にたとえた）。異教の英雄にとって、人間の価値は力を獲得し、固守する勇気にあった。そして彼は、戦場で勝利の瞬間に喜んで死んだ。ホメロスの『イリアス』は、美化された征服者や盗賊を壮麗な詩によって描写したものである。殉教者の特徴はあること、与えること、分かち合うことであり、英雄の特徴は持つこと、搾取すること、強制することである（ここで付け加えておくべきは、異教の英雄の形成は母親中心の社会に対する家父長制の勝利に関連している、ということである。男の女に対する優位は、最初の征服行為であり、最初の搾取的な力の行使であった。男の勝利以後のすべての家父長制社会において、これらの原理は男の性格の基礎となった）。

私たち自身の発達にとってのこの二つの典型は、相容れることなく対立しているが、そのいずれが今なおヨーロッパに行き渡っているだろうか。私たち自身や、ほとんどすべての人びとの行動や、政治的指導者たちを吟味してみれば、私たちにとってのよきもの、価値あるものの典型が異教の英雄であることは、否定しえない。ヨーロッパ＝北アメリカの歴史は、教会への改宗にもかかわらず、征服と誇りと貪欲の歴史であり、私たちの最高の価値は、他人より強くなり、勝ち、他人を征服し、搾取することである。これらの価値は、〈男らしさ〉の理想と一致する。戦い、征服することのできる者だけが、男である。力の行使において強くない者は、だれでも弱い、すなわち、〈男らしくない〉のである。

ヨーロッパの歴史が征服、搾取、力、制圧の歴史であることは、証明するまでもない。ほとんどいかなる時代も、これらの要因を特徴としない時代はなく、いかなる人種も階級もこのことから除外されるものはなく、しばしばアメリカ先住民のように大量虐殺された例もあるうえに、十字軍のような宗教的な企てでさえ、例外ではない。このような行動を動機づけたのは、ただ外的な経済あるいは政治であって、奴隷商人、インドの支配者たち、先住民を殺した連中、中国人に強要して彼らの国へ阿片を輸入させたイギリス人、二つの世界大戦の扇動者たち、そして次の戦争の準備をしている連中は、みな心の中はキリスト教徒なのだろうか。それとも、おそらくは指導者たちだけが強欲な異教徒で、大部分の人びとは依然としてキリスト教徒であったのだろうか。もしそうなら、私たちはもっと勇気づけられるだろう。残念ながら、そうではない。確かに、指導者たちはより多くを得られるゆえに、彼らに従う人びとより強欲であることが多かったのだが、征服し、勝ちたいという望みが、過去も現在も社会的性格の一部でなければ、彼らは計画を実現することができなかっただろう。

私たちはただ、人びとが過去二世紀のさまざまな戦争に参加したときの、激しく常軌を逸した熱狂ぶりを思い起こすだけでよい――何百万という人びとが、〈最強国〉〈名誉〉あるいは利益のイメージを守るために、国民的自殺の危険を冒そうと決意したことを。また別な例としては、平和のために役立つと言われる、現代のオリンピックを見守る人びとの狂乱的ナショナリズムを考えればよい。実際、オリンピックの人気そのものが、西洋の異教の象徴的表現である。オリンピックは異教の英雄、すなわち勝者、最も強い者、最も強く自己を主張する者をたたえる一方、ギリシアのオリンピックの模倣としての現代オリンピックを特徴づける、商売と宣伝のきたない混合を無視している。キリスト教文化においては、受難劇がオリンピックの代わりを務めていた。しかし、現在行なわれている唯一の有名な受難劇は、観光客の評判となっているオーバーアンメルガウ〔ドイツ南部の小村で、十七世紀以来十年ごとに受難劇の上演を続けている〕のものである。

今言ったことがすべて間違いないとするなら、なぜヨーロッパ人やアメリカ人は、キリスト教を現代にはふさわしくないとして、あっさりと捨ててしまわないのだろう。理由は幾つかある。たとえば、人びとが規律を失い、ひいては社会的結合を脅かすのを防ぐためには、宗教的イデオロギーが必要である。しかし、さらに重要な理由がある。すなわち、大いなる愛に満てる者、自己犠牲の神としてのキリストを固く信じる人びとは、この信仰を疎外された形の経験に変えて、自分の代わりに愛してくれるイエスとすることができるということである。イエスはかくして偶像となる。イエスへの信仰は、自己の愛する行為の代用となる。ここで単純な、無意識の定式ができる。「キリストは私たちの代わりに、愛することをすべてやってくださる。私たちはギリシアの英雄のやり方を続ければよい。それでも救われるのだ。なぜなら、キリストへの疎外された〈信仰〉は、キリストにならうことの代用なのだから」。キリスト教信仰が、自分の強欲な態度の手軽な口実にもなることは、言うまでもない。最後に、人間には愛するというきわめて根深い要求があるので、オオカミのような行為は必然的に罪悪感を覚えさせる、と私は信じている。愛への信仰を公言することによって、まったく愛を持たないための無意識的な罪悪感の苦痛を、ある程度は感じないで済むのである。

〈産業宗教〉

中世の終焉以後の宗教的・哲学的発達は、本書で取り扱うにはあまりにも複雑すぎる。その特徴は二つの原理の争いと言うことができる。すなわち、神学的あるいは哲学的形態をとったキリスト教的・精神的伝統と、〈産業主義とサイバネティックス時代の宗教〉とでも呼ぶべきものの発達の中で、多くの形態をとった偶像崇拝と非人間性の異教的伝統とである。

中世後期の伝統を受け継いで、ルネサンスのヒューマニズムは、中世の終焉以後の〈宗教的〉精神の最初の偉大な開花であった。人間の尊厳、人類の合一、政治および宗教における普遍的な合一の思想は、その中で何ものにも束縛されることなく表現された。十七世紀と十八世紀の啓蒙思想は、ヒューマニズムの偉大な開花のいま一つの現われであった。歴史家のカール・ベッカーは、啓蒙哲学が十三世紀の神学者たちに見いだされる〈宗教的態度〉を、どの程度まで表現しているかを示している(一九三二年)。「この信念の根底を検討すれば、啓蒙思想家たちがいたるところで中世思想からの恩恵を、それとは知らずに明らかにしていることが、見いだされる」

啓蒙哲学が生んだフランス革命は、政治革命以上のものであった。歴史家アレクシ・ド・トクヴィルがとくに言及しているように（ベッカーの引用による）、それは「政治革命ではあったが、宗教革命のような機能を果たすとともに、或る意味では、そのような様相をも帯びた。イスラム教のように、またプロテスタントの反逆のように、それは国々や国民の境界を越えてあふれ出し、説教や宣伝によって広められた」（強調はフロム）

十九世紀と二十世紀のラディカル・ヒューマニズムについては、あとで産業時代の異教に対するヒューマニズムからの抗議を論じる際の記述に譲る。しかし、その論議の基礎を準備するために、ヒューマニズムと並行して発達し、歴史の現時点において私たちを滅ぼそうとしている新しい異教に、ここで目を向けなければならない。

〈産業宗教〉の発達の最初の基礎を準備した変化は、マルティン・ルターによる、教会の母親的要素の排除であった。不必要なまわり道に見えるかもしれないが、しばらくはこの問題について論じなければならない。なぜなら、それは新しい宗教と新しい社会的性格の発達を理解するために、重要なことだからである。

社会は二つの原理、すなわち父親中心（あるいは家父長制）の原理と、母親中心（あるいは家母長制）の原理に従って、組織されてきた。ヨハン・J・バッハオーフェンとルイス・H・モーガンが初めて示したように、母親中心の原理は愛情深い母親像を中心としている。母性原理は無条件の愛の原理である。母親が子供を愛するのは、彼らが彼女を喜ばせるからではなく、彼らが彼女の（あるいはほかの女の）子供だからである。このため、母親の愛はよいふるまいによって獲得することもできないし、また罪を犯すことによって失うこともできない。母性愛は慈悲と同情（ヘブライ

語では *rachamim* で、その語根は *rechem*、すなわち〈子宮〉）である。

これとは反対に、父性愛は条件付きである。それは子供の成し遂げたこととよいふるまいしだいである。父親は自分に最もよく似ている子供、すなわち、自分の財産を継がせたいと思う子供を愛する。父親の愛は失われうるが、悔悟と新たな屈服によって取り戻すこともできる。父親の愛は正義である。

女性＝母性と男性＝父性の二つの原理は、いかなる人間の中にも存在する男性面と女性面とに対応するが、とくにすべての男女の慈悲および正義への要求に対応している。人間の最も根深いあこがれを一つの型で表わすなら、それは二つの極（母性と父性、女性と男性、慈悲と正義、感情と思考、自然と知性）が総合されて合一し、分極性の両側が対立をやめ、その代わりに互いに影響を与え合う、という型である。このような総合に到達するのは、家父長制社会においては十全にはなしえないことだが、カトリック教会には、それは或る程度存在していた。聖母マリア、すべてを愛する母親としての教会、母性像としての教皇と司祭は、母性的な、無条件の、すべてを許す愛を表わしていたのであって、それと並んで、権力によって支配する教皇を頂点とする、厳格で家父長制的な官僚制の父性的要素があった。

宗教的体制の中のこれらの母性的要素に対応するのが、生産過程における自然との関係であった。すなわち、職人と同様に農民の仕事も、自然に対する敵対的・搾取的攻撃ではなかった。それは自然との協同であった。自然の略奪ではなく、自然をそれ自身の法則に従って変貌させることであった。

ルターは北ヨーロッパに、都市の中流階級と世俗の君主に基礎を置いた、純粋に家父長制的な形のキリスト教を確立した。この新しい社会的性格の本質は、家父長制的権威への屈服であって、仕事が愛と是認を得る唯一の方法であった。

正面はキリスト教であったが、その背後に〈産業宗教〉という新しい秘密の宗教が起こった。それは近代社会の性格構造に根ざしているが、〈宗教〉としては認められていない。産業宗教は真正のキリスト教と完全に矛盾する。それは人びとを経済のしもべとし、彼ら自身の手で造る機構のしもべとする。

産業宗教は、新しい社会的性格に基礎を置いていた。その中心は強力な男性的権威への恐れであり、屈服であり、不服従に対する罪悪感の養成であり、利己心と相互の対立の至上権による、人間の連帯のきずなの消滅であった。産業宗教における〈聖なる〉ものは、仕事、財産、利益、力であった。その一般原理の限界内では、この宗教は個人主義と自由を促進したけれども。キリスト教を厳密に家父長制的な宗教に変貌させることによって、産業宗教をキリスト教の用語を用いて表現することが、なおも可能であった。

〈市場的性格〉と〈サイバネティックス宗教〉

現代の人間社会の性格と秘密の宗教の双方を理解するために最も重要な事実は、資本主義の初期から二十世紀後半にかけての、社会的性格の変化である。権威主義的＝強迫的＝貯蓄的性格は十六世紀に発達しはじめ、十九世紀末までは、少なくとも中流階級においては優位を占め続けた性格構造であったが、それは徐々に市場的性格と混じり合い、またそれに取って代わられるようになった（さまざまな性格的方向づけの混合については、『人間における自由』で述べた）。

この現象を市場的性格と名づけたのは、それが自分を商品として経験すること、そして自分の価値を〈使用価値〉としてではなく、〈交換価値〉として経験することに基づいているからである。生きている人間は、〈パーソナリティ市場〉における商品となる。評価の原理は、パーソナリティ市場においても、商品市場においても、同じである。前者においては、パーソナリティが売りに出され、後者においては商品が売りに出される。価値はいずれの場合においても、交換価値であって、〈使用価値〉は必要条件ではあるが、十分条件ではない。

成功のための前提条件としての、一方における熟練および人間的な資質と、他方におけるパーソナリティとの比率はそれぞれ異なるが、〈パーソナリティ要因〉が常に決定的な役割を演じる。成功を大きく左右するのは、人びとが市場においていかにうまく自分を売るか、いかにうまくパーソナリティを認めさせるか、彼らがいかにすてきな〈詰め合わせ〉であるかであり、彼らが〈快活〉で、〈健全〉で、〈攻撃的〉で、〈頼もしくて〉、〈野心的〉であるかどうかであり、さらには、家庭的背景がいかなるものであるか、いかなる社交クラブに所属しているか、〈しかるべき〉人びとを知っているかどうか、なのである。要求されるパーソナリティの型は、或る程度までは人が働こうとするその特定の分野に左右される。証券業者、販売員、秘書、鉄道の経営者、大学教授、ホテルの支配人は、それぞれ違った種類のパーソナリティを売りものにしなければならないが、それらはその相違には関係なく、一つの条件、すなわち需要があるという条件を満たさなければならない。

自己に対する態度を形成するものは、或る与えられた仕事を成し遂げるための熟練と素養だけでは十分でないという事実であり、成功するためにはほかの多くの人びととの競争に勝たなければならないという事実である。もし自分の知っていること、およびなしうることに頼るだけで十分に生計を立てることができるなら、人の自尊心はその能力、すなわち、自己の使用価値に比例するだろう。しかし、成功はいかにして自分のパーソナリティを売りつけるかに大きく左右されるので、人は自分を商品として、というよりは、同時に売り手でもあり、また売られる商品でもあるものとして経験する。人が専念するのは、彼もしくは彼女の人生や幸福ではなく、売れるようになることである。

市場的性格が目標とするのは、パーソナリティ市場のあらゆる条件のもとで望ましい人物となるための、完全な順応である。市場的性格のパーソナリティは、執着すべき自我、彼らのものであって変化しない自我を持つ（十九世紀の人びとが持っていたように）ことさえない。というのは、彼らはたえず自我を変化させるからであって、その基準となる原理はこうである。「私はあなたのお望みしだいです」

市場的な性格構造を持つ人びとは、動くこと、最大の効率をもって物事を行なうことのほかには、目的を持たない。なぜそんなに速く動かなければならないのか、なぜ物事は最大の効率をもって行なわれなければならないのか、と尋ねられたら、彼らはまともな答えを持たず、「より多くの製品を造るため」とか、「会社を大きくするため」などと、正当化するだろう。彼らはなぜ人は生きているのか、なぜ人はあちらの方向ではなくこちらの方向へ行くのか、というような哲学的、あるいは宗教的な問いには（少なくとも意識的には）ほとんど関心を持たない。彼らは大きな、常に変化する自我《エゴ》を持っているが、だれも自己《セルフ》、核、アイデンティティの感覚を持たない。現代社会における〈アイデンティティの危機〉を生み出したのは、実はその構成員が自己を持たない道具となり、彼らのアイデンティティが会社（あるいはほかの巨大な官僚制組織）の一員となることにかかっている、という事実である。真の自己のないところには、アイデンティティはありえないのである。

　市場的性格は愛することもなく、憎むこともない。ほとんど完全に頭脳の水準で機能し、感情はよきにつけ悪しきにつけ、市場的性格の主たる目的を妨げるからすべて避けるという性格構造にとって、これらの〈古風な〉情緒はふさわしくないのである。ところでその主たる目的とは、売ることと交換すること――より正確に言えば、彼らがその一部となっている〈巨大機械《メガマシーン》〉の論理に従って機能することであって、いかにうまく機能しているかを、官僚制の中での昇進によって知る以外には、何も問うことをしないこと――なのである。

　市場的性格は自分にも他人にも何ら深い愛着を持っていないので、彼らは言葉の深い意味での思いやりというものを持たないのだが、それは彼らがそこまで利己的であるからではなく、他人および自分とのつながりがそこまで弱いからなのである。このことはまた、彼らが核兵器による破局や生態学的破局の危険を示すすべてのデータを知りながら、なぜそれらの危険に関心を持たないのかの説明にもなるかもしれない。自分個人の生命にかかわる危険に関心を持たないということならば、彼らがたいそう勇敢で利己心がないからだろうという説明が、まだできるかもしれない。しかし、子供や孫に対する関心すら欠いていることを見れば、このような説明は許されない。これらのあらゆる水準における関心の欠如は、彼らがいかなる情緒的なきずなをも、最も〈身近な〉人びとへのきずなさえも、失ったために起こったことである。事実、市場的性格と親密な者はいないし、彼らは自分自身とも親密ではないのである。

現代の人間は買ったり消費したりすることが好きなのに、どうして買ったものにこんなにも愛着を持たないのかという難問は、市場的性格の現象の中に最も意味深い答えを見いだす。市場的性格は愛着心を欠いているので、物に対してもまた無関心になるのである。問題になるのはおそらく物の与える威信あるいは慰めであって、物自体には何の実体もない。物はまったく消費の対象なのである。それは友人や恋人においても同じことであって、彼らのだれに対しても物以上に深いきずなは存在しないので、彼らも消費の対象なのである。

市場的性格は与えられた環境のもとでの〈正しい機能〉を目的とするから、彼らは世界に対して主として頭脳で反応する。理解するという意味での理性は、ホモ・サピエンスの独特の資質である。実際的目的を達成するための道具としての操作的知性は、動物と人間とに共通している。理性を持たない操作的知性が危険であるのは、それが理性的に見れば自己破壊的な方向へ、人びとを動かすからである。実際、制御されない操作的知性が優秀であればあるほど、それは危険なのである。

純粋に科学的な、疎外された知性のもたらす結果と、その人間としての悲劇を明らかにしたのは、ほかならぬ科学者チャールズ・ダーウィンであった。自伝によれば、三十歳になるまで彼は音楽と詩と絵画に熱中していたが、それ以後はずっと、これらに対する趣味をすっかり失ってしまった。「私の頭は多くの事実の収集をすりつぶして一般法則を生み出す、一種の機械になってしまったようだ……。これらの趣味の喪失は幸福の喪失なのだ。それは私たちの本性の情緒的な部分を弱めることによって、おそらくは知性を害するだろうし、より確実に道徳的性格を害するだろう」(エルンスト・F・シューマッハーの著書に引用。同書参照のこと)

ダーウィンがここで述べている過程は、彼の時代から急速度で続いてきて、理性および心からの分離はほとんど完全なものとなった。とくに興味深いのは、この理性の堕落は、最も厳しく革命的な科学(たとえば理論物理学)の指導的な研究者の大部分においては起こらなかったということ、そして彼らは哲学的・精神的問題に深い関心を持つ人びとであったということである。私が言っているのはアルベルト・アインシュタイン、ニールス・ボーア、レオ・シラード、ヴェルナー・ハイゼンベルク、エルヴィン・シュレディンガーのような人たちである。

頭脳による操作的思考の至上権に伴って、情緒的生活は萎縮する。情緒的生活は促進されることもなく、必要とされることもなく、むしろ最適な機能の妨げであるとされたために、発育不良のままであって、子供の水準以上に発達してはいない。その結果として、市場的性格は情緒的な問題に関するかぎり、奇妙に単純である。彼らは〈情緒的人物〉に惹かれることもあるが、自分の単純さのために、それがほんものなのかいかさま師なのかを、判断できないことが多い。このことが、なぜこれほど多くのいかさま師が精神的・宗教的分野で成功できるのかの説明になるだろう。それはまた、なぜ強い情緒を表現してみせる政治家が市場的性格に強く訴えるのか――またなぜ市場的性格は真に宗教的な人物と、強い宗教的情緒を偽る宣伝の産物とを区別できないのか――の説明にもなるだろう。

〈市場的性格〉という用語は、決してこの類型を記述する唯一の用語ではない。この類型を記述するためには、疎外された性格というマルクスの用語を使うこともできる。この性格の人物は仕事から、自分自身から、ほかの人間から、自然から、疎外されている。精神医学の用語でなら、市場的人物は統合失調質の性格と呼ぶことができるだろう。しかしこの用語はやや誤解を招きやすい、というのは、ほかの統合失調質の人物と一緒に生活して、うまくやり、成功している統合失調質の人物は、より〈正常な〉環境において統合失調質の性格が持つはずの不安感を、欠いているものだからである。

本書の原稿の最後の校訂に当たっていたときに、私はマイケル・マコビーによる近刊予定の『ゲームズマン――新しいビジネスエリート』を、原稿で読む機会を得た。この洞察的な研究において、マコビーは合衆国の最も経営状態のよい大会社のうち二つを選んで、その経営者や役職者や技術者たち二百五十人の性格構造を分析している。彼の発見の多くは、私がサイバネティックス的人物の特徴として記述したこと、とくに情緒的分野の発育不良と並行した頭脳的性質の優越を、裏づけている。マコビーが記述した経営者や役職者が、アメリカ社会の指導者の仲間であること、あるいはやがてそうなるだろうことを考えると、彼の発見の社会的重要性は大きい。

次のデータは、マコビーがこの集団の構成員ひとりひとりと三回から二十回に及ぶ個人面接を行なって得たものだが、この性格類型をはっきりと描き出している。[*24]

理解力に対する深い科学的な関心。仕事に対する動的《ダイナミック》な感覚。生気がある　〇％
集中的。人を元気づける。職人的。しかし物事の本質への深い科学的関心に欠ける　二二％
仕事自体が関心を刺激するが、その関心は自立的ではない　五八％
適度に生産的。集中的ではない。仕事への関心は本質的に安定と収入を確保するための手段である　一八％
受動的。非生産的。拡散的　二％
仕事の拒絶。現実世界を拒絶する　〇％
——一〇〇％

二つの特徴が目立っている。(1)理解すること(理性)への深い関心がない、(2)大多数の人びとにとっては、仕事の刺激が自立的でないか、仕事が本質的に経済的安定を確保するための手段であるか、のどちらかである。

これと完全に対照的に描かれているのが、マコビーのいわゆる〈愛の尺度〉である。

愛情深く、肯定的で、創造的な刺激を与える　〇％
責任感があり、あたたかく、やさしい。しかし深い愛情はない　五％

他人への適度の関心。より多くの愛の可能性を持つ　四〇%
ありきたりの心づかい。上品。役割を重視する　四一%
受動的。愛情なし。無関心　一三%
人生の拒絶。かたくなな心　一%
――一〇〇%

この研究においては五パーセントが、〈あたたかく、やさしい〉となってはいるが、深い愛情を特徴とすると言える人物は一人もいない。表に記載されたほかのすべては、他人への適度の関心、あるいはありきたりの心づかいを持ち、あるいは愛情がなく、あるいは人生をはっきりと拒絶している――頭脳主義の顕著さとは対照的な情緒的発育不良の、実に驚くべき姿である。

市場的性格の〈サイバネティックス宗教〉は、そのような総体的な性格構造に対応している。不可知論あるいはキリスト教を正面として、その背後に、完全に異教的な宗教があるのだが、人びとはそれが異教であるとは意識していない。この異教を記述することが困難なのは、それについての推論がただ人びとのすること（およびしないこと）からのみ可能であって、宗教についての彼らの意識的思考や、宗教組織の教義からは不可能だからである。一見して最も顕著なことは、〈人間〉が伝統宗教の神による最初の創造に代わって、世界の〈第二の創造〉のための能力を獲得したために、自らを神としたことである。これはまた次のように定式化することもできる。私たちは機械を神とし、その機械に奉仕することによって神に近いものとなった、と。どの定式を選ぼうと、それは問題ではない。問題は、人間が現実には最大の無力状態にありながら、科学および技術と結びついた自分を、全能だと想像していることなのである。

サイバネティックス宗教のこの面は、私たちがもっと希望に満ちた発展をしていた時期に対応するものである。しかし、私たちが孤立と、世界に対する情緒的反応の欠如という状態に陥れば陥るほど、またそれと同時に、破局的終末が避けえないものに見えれば見えるほど、新しい宗教は悪性のものとなる。私たちは技術の主人であることをやめて、その奴隷となる――そして技術は、かつてはきわめて重要な創造の要素であったが、（インドの女神カーリーのような）破壊の女神としてのもう一つの顔を見せ、それに対して男も女も、自分自身と子供たちとを進んで犠牲にする。意識的にはなおもよりよい未来への希望にすがりながら、サイバネティックス的人間は、自分が破壊の女神の崇拝者となった事実を、押し隠すのである。

この命題には多くの証拠があるが、次の二つ以上に説得的なものはない。すなわち、強大国は（またそれほど強力でない幾つかの国でさえ）ますます破壊力を強める核兵器を造り続け、唯一の正気の解決――すべての核兵器と、核兵器の材料を供給する原子力工場の破壊――に到達しないこと、および生態学的破局の危険に終止符を打つために、ほとんど何もなされていないことである。要するに、人類の生存のための計画を立てるために、何も真剣になされていないのである。

4 ヒューマニズムの抗議

社会的性格が非人間化し、産業宗教およびサイバネティックス宗教が生じたことから、抗議の運動が起こり、新しいヒューマニズムが出現したが、これは中世後期から啓蒙思想の時代にかけてのキリスト教的ヒューマニズム、および哲学的ヒューマニズムに端を発している。この抗議は汎神論《はんしんろん》的な、あるいは非有神論的な哲学的定式のみならず、有神論的なキリスト教的定式の中にも現われた。それは相反する二つの側から行なわれた。政治的には保守派であるロマン主義者からと、マルクス社会主義者およびその他の社会主義者（および幾人かのアナキスト）からと。右派も左派も、産業体制とそれが人間に及ぼした害を批判する点で、意見が一致していた。フランツ・フォン・バーダーのようなカトリックの思想家や、ベンジャミン・ディズレーリのような保守派の政治的指導者が、時にはマルクスと同じ方法でこの問題を定式化した。

　この二つの側の違いは、人間を物に変貌する危険から救いうると彼らが考える、その方法にあった。右派のロマン主義者は、幾分かの限定付きではあるが、産業体制のとめどない〈進歩〉を阻止して、以前の社会秩序の形態に戻ることが唯一の方法であると信じた。

　左派からの抗議は、時には有神論的な、時には非有神論的な立場から表現されたけれども、ラディカル・ヒューマニズムと呼ぶことができるだろう。社会主義者が信じたのは、経済的発達はとどめることができないこと、以前の社会秩序の形態に戻ることはできないこと、そして救済への唯一の道は、前進を続けて、人びとを疎外から、機械への屈服から、非人間化の運命から解放する新しい社会を作ることにある、ということであった。社会主義は、中世の宗教的伝統と、ルネサンス以後の科学的思考と政治的行動の精神との総合であった。それは仏教のように、〈宗教的〉大衆運動であって、世俗的・無神論的な表現をしながらも、人間を利己心と貪欲から解放することを目標としていた。

私がマルクス思想をいかに特徴づけているかを説明するために、少なくとも簡単な註釈を加えておく必要がある。なぜなら、ソビエトの共産主義と西洋の改良主義的社会主義によって、マルクス思想は万人のために富を勝ち得ることを目標とした物質主義へと、完全にゆがめられているからである。ヘルマン・コーエンやエルンスト・ブロッホやその他多くの学者が、過去数十年間において述べているように、社会主義は預言者的メシアニズム〔救世主信仰〕の世俗的表現であった。おそらくこのことを明らかにする最上の方法は、マイモニデス〔ユダヤの哲学者・律法学者。一一三五－一二〇四年〕の法典から、メシア時代を特徴づけた彼の言葉を引用することだろう。

賢者や預言者がメシアの時代にあこがれたのは、イスラエルが世界を統治するためでもなく、異教徒を支配するためでもなく、他国民によってたたえられるためでもなく、食べ、飲み、喜ぶためでもなかった。彼らの切なる望みは、イスラエルがだれの圧迫も妨げも受けることなく、律法とその知恵に専念し、かくしてきたるべき世界において生きるに値するものとなることとであった。

メシアの時代には飢饉も戦争もなく、嫉妬もいさかいもないだろう。生活に役立つ物[*25]はちまたにあふれ、生活の慰めはすべての者の手に入るだろう。全世界は主を知ることにのみ専心するだろう。かくしてイスラエルびとは大いに賢明となり、今は隠されていることを知り、人知の及ぶかぎりの創造主の理解に到達するだろう。聖書にも書かれているではないか。「水が海を覆うように／主を知ることが地を満たすからである」（イザヤ書11・9）と。

この記述においては、歴史の目的は人間が知恵と神の知識の研究にまったく専念できるようにすることであって、力でもなければぜいたくでもない。メシアの時代は世界の平和、羨望心の欠如、物質的豊かさの時代である。この描写は、マルクスが『資本論』の第三巻の終わり近くで表明した人生の目的の概念に、非常に近い。

自由の領域は、必要と外的効用に強制された労働が要求されなくなったときに、ようやく始まる。そもそも当然のことながら、それは厳密な意味での物質的生産の領域を越えたところに存在する。未開人が自らの要求を満たし、生命を維持しかつ増やすために、自然と戦わなければならないように、文明人もそれをしなければならない。しかも彼は、あらゆる形の社会において、あらゆる可能な生産様式において、それをしなければならない。彼の発達とともに、この自然的必要性の領域は拡大する。なぜなら彼の要求が増大するからである。しかし、それと同時に生産力が増大して、その結果、これらの要求は満たされる。この分野における自由を構成しうるものは、ただ次の事実があるのみである。すなわち、社会化した人間が合同の生産者として、自然とのやりとりを合理的に調整し、自然を共同で管理し、盲目的な力によるかのごとく自然に支配されることをやめること、およびこの仕事を成し遂げるに当たって、エネルギーの費消を最小にし、人間性に最もふさわしく、最もよく値する条件のもとで行なうこと。しかし、それはあくまで必要性の領域である。それを越えたところから始まるのが、かのそれ自身を目的とする人間的な力の発達であり、真の自由の領域であるが、それはしかし、あの必要性の領域を基礎として初めて開花しうる。労働時間の短縮は、その基本的前提である〔強調はフロム〕。

マルクスはマイモニデスと同様に——そしてキリスト教的、および他のユダヤ教的な救済の教えとは対照的に——究極的な終末論的解決を、自明のこととはしない。〈人間〉と自然との不一致は残る。しかし、必要性の領域はできるかぎり人間の管理のもとに置かれる。「しかし、それはあくまで必要性の領域である」。目的は「かのそれ自身を目的とする人間的な力の発達であり、真の自由の領域」（強調はフロム）であって、「全世界は主を知ることにのみ専念するだろう」というマイモニデスの見解は、マルクスにとっては、「それ自身を目的とする人間的な力の発達」なのである。

二つの異なった人間存在の形態としての持つこととあることとは、新しい〈人間〉の出現に対するマルクスの考え方の中心にある。これらの様式に関して、マルクスは経済学的範疇から心理学的および人類学的範疇へと進むのだが、それらは旧約・新約聖書とエックハルトを論じた際に見たように、同時に基本的な〈宗教的〉範疇でもある。マルクスはこう書いた。「私有財産は私たちをあまりにも愚かで片寄った人間にしたので、或る対象が私たちのものとなるのは、ただ私たちがそれを持つときであり、それが私たちにとって資本として存在するときであり、あるいはそれが直接に食べられ、飲まれ、着用され、住まれるなど、要するに何らかの方法で利用されるときである……。かくしてすべての肉体的・知的感覚はこれらすべての感覚の純然たる疎外である、持つ感覚に取って代わられた。人間は彼のすべての内的な富を生み出しうるためには、この絶対的な貧困に陥らなければならなかった」（持つ範疇については、『二十一ボーゲン（*Einundzwanzig Bogen*）』のモーゼス・ヘスの論文参照[*26]）。

あることと持つことに関するマルクスの概念は、彼の次の文章に要約されている。「君があることが少なければ少ないほど、君が君の生命を表現することが少なければ少ないほど――それだけ多く君は持ち、それだけ多く君の生命は疎外される。……生命と人間性に関して経済学者が君から奪うすべてのものを、彼は金と富の形で君に返すのである」

マルクスがここで言っている〈持つ感覚〉とは、まさにエックハルトの言う〈自我の束縛〉と同じであり、物と自我への渇望にほかならない。マルクスが言及しているのは持つ存在様式であって、所有そのもの、疎外された私有財産そのものではない。目的はぜいたくでも富でもなく、また貧乏でもない。実際、ぜいたくも貧乏もともにマルクスによって悪徳とみなされている。絶対的な貧乏は、内的な富を生み出すための条件なのである。

この生み出すという行為は何だろうか。それは私たちの能力を、それに対応する対象に向けて疎外されずに能動的に表現することである。マルクスはさらに続ける。「世界に対する彼の［〈人間〉の］すべての人間的な関係――見ること、聞くこと、嗅ぐこと、味わうこと、触れること、考えること、観察すること、感じること、欲すること、行なうこと、愛すること――要するに個人としての彼のすべての器官は……その対象的行動〔対象に関する行動〕において、この対象をわがものとすることであり、人間的現実をわがものとすることである」。これはある様式においてわがものとする形態であって、持つ様式ではない。マルクスはこの非疎外的能動性の形態を、次の一節で表現した。

人間が人間であり、彼の世界に対する関係が人間的な関係であるとしよう。その時、愛を引き出しうるのは愛のみであり、信頼を引き出しうるのは信頼のみであり、以下同様である。もし君が芸術を楽しみたければ、君は芸術的な素養のある人物でなければならない。もし君が他人に影響を与えたいと思うなら、君はほんとうに他人を刺激し、励ます力を持った人物でなければならない。人間および自然に対する君の関係のひとつひとつが、君の意志の対象に対応した、君の現実の個人的な生命の特定の表現でなければならない。もし君が人を愛しながら、その相手の中に愛を呼び起こさないとすれば、すなわち、もし君が愛する人物としての自分を表わすことによって、自分を愛される人物とすることができないとするならば、その時、君の愛は不能であり、一つの不幸である。

しかし、マルクスの思想はやがてゆがめられた。それはおそらく、彼が生きたのが百年早すぎたからだろう。彼もエンゲルスも、資本主義はすでにその可能性の限界に到達しているので、革命は間近に迫っていると考えた。それゆえエンゲルスがマルクスの死後に述べることとなったように、彼らはまったく間違っていた。彼らは資本主義の発達の絶頂において彼らの新しい教えを宣言したのであって、資本主義の衰退と究極的な危機が始まるためには、さらに百年を要することを予知しなかった。歴史的必然としては、資本主義の最盛期に広められた反資本主義思想が成功を収めるためには、それは資本主義精神へ完全に変貌しなければならなかった。そしてこれが実際に起こったことであった。

西洋の社会民主主義者と、彼らに厳しく対立するソ連内外の共産主義者とは、社会主義を、最大限の消費と最大限の機械の使用を目的とする、純粋に経済的な概念に変貌させた。フルシチョフは彼の〈グヤーシュ〉共産主義〔より多くの消費物資の生産と、生活水準の向上を強調する共産主義。グヤーシュはハンガリー式シチューのこと〕の概念によって、例の素朴であけっぴろげなやり方で、本音をのぞかせた。すなわち、社会主義の目標は、資本主義が少数者だけに与えていたのと同じだけの消費の快楽を、全住民に与えることである、と。社会主義と共産主義は、ブルジョワ的な物質主義の概念の上に築かれた。マルクスの初期の著作〔それらは概して、〈若き〉マルクスの〈理想主義的な〉誤りという汚名を着せられたのだが〕の幾つかの文句が、西洋における福音書の言葉のごとく、うやうやしく唱えられた。

マルクスが資本主義の発達の頂点に生きていたことは、さらに別の結果をもたらした。すなわち、マルクスは時代の子として、ブルジョワ的思考と実践の中に行き渡っていた態度や概念を、採用せざるをえなかった。かくして、たとえば彼の著作のみならず、彼のパーソナリティにも見られる或る種の権威主義的傾向は、社会主義の精神というよりは家父長制的なブルジョワ精神によって、形成された。彼は〈科学的〉社会主義対〈空想的〉社会主義という組み立て方において、古典学派の経済学者の型に従った。経済は人間の意志とはまったくかかわりなく、それ自身の法則に従うと経済学者が主張したのとまさに同じように、マルクスは社会主義が経済の法則に従って必然的に発達することを、証明することが必要であると悟った。その結果、彼は時として、決定論と誤解されやすい定式を発展させる傾向を見せ、歴史の過程における人間の意志と想像力に十分な役割を与えなかった。資本主義の精神に対するこのような意図しない譲歩のために、マルクスの体系を資本主義と基本的には変わらない体系にゆがめる過程が、容易に生じた。

もしマルクスが彼の思想を公にしたのが、資本主義が衰退を――それもどんどん加速度的に――始めた今日であったら、彼の言ったことのほんとうの意味が人びとを動かし、あるいは勝利さえも収める機会を得たかもしれない。もっとも、このような歴史的な憶測が許されるとしてのことだが。ところが現実には、〈社会主義〉とか〈共産主義〉という言葉ですら、あやふやなものとなっている。少なくとも、マルクスの思想を代表していると主張しうるほどの社会主義あるいは共産主義の政党であるなら、そのすべての基礎となるべき信条は、ソビエト政体はいかなる意味においても社会主義体制ではないということ、社会主義は官僚制的・物質中心的・消費志向的社会体制とは両立しないということ、それは資本主義体制と同じくソビエト体制をも特徴づけている、物質主義と頭脳偏重とも両立しない、ということである。

社会主義の腐敗は、次の事実、すなわち、真のラディカル・ヒューマニズム的な考え方は、しばしばマルクス思想とは何の関係もなかった、いやそれに反対さえしていた——時にはかつて共産主義運動のメンバーとして活躍したのちに——集団や個人によって、唱えられているという事実を説明している。

ここでマルクス以後の時代の、すべてのラディカル・ヒューマニストの名をあげることは不可能だが、彼らの考えの幾つかの例を以下に示すことにする。これらのラディカル・ヒューマニストの概念規定はそれぞれ大いに異なり、時には互いに完全に矛盾するように見えるが、それらはみな次の考え方や態度を共有している。

(1) 生産は経済体制の要請ではなく、人びとの現実の要求に奉仕すべきである。
(2) 人びとと自然との間に新しい関係、それも搾取ではなく、協同の関係を確立しなければならない。
(3) 相互の対立を連帯に置き換えなければならない。
(4) あらゆる社会的取り決めの目標は、人間の福利と、不幸の防止でなければならない。
(5) 最大限の消費でなく、福利を助長する健全な消費を目指して努力しなければならない。
(6) 個人は社会生活に対して、受動的でなく能動的に参加しなければならない。[*27]

アルベルト・シュヴァイツァーは、西洋文化に危機が迫っているというラディカルな前提から出発する。「だれの目にも明らかなことは」と彼は述べている。「私たちが文化的な自己破壊の過程にあるということである。残されているものも、もはや安全ではない。それがなおも持ちこたえているのは、ほかのものをすでに屈服させてしまった破壊的な圧力に、まださらされていないからなのだ。しかし、それもまた砂利［*Geröll*］の上に築かれている。次に起こる山くずれ［*Bergrutsch*］が、それをさらってゆくだろう……。現代の〈人間〉の文化的能力が卑小になったのは、彼を取り巻く環境が彼を卑小にし、精神的に傷つけるからである」[*28]

産業時代の人間を「自由でなく……集中力を持たず……不完全で……人間性を失う危険がある」と特徴づけて、彼は続ける。

発達した組織を持った社会は、今まで知られなかったほどの力を〈人間〉に及ぼすので、社会に対する〈人間〉の依存度が大きくなった結果、彼は自らの精神的［*geistig*］生活を送ることをほとんどやめてしまった……。かくして私たちは新しい中世に入った。全体的な意思決定によって、思想の自由はその機能を奪われてしまった。なぜなら、多くの人びとは自由な個人として、考えることをやめ、彼らの属する集団によって導かれるからである……。思想の独立を犠牲にすることによって、私たちは――これ以外の結果がどうしてありえようか――真実に対する信念を失った。私たちの知的＝情緒的生活は解体した。公のことがらの過剰な組織化は、組織された無思想となって終わるのである［強調はフロム］。

彼は産業社会を特徴づけるものとして、自由の欠如だけでなく、「過剰努力（*Überanstrengung*）」

をも見いだす。「二、三世紀の間、多くの人は人間としてではなく、働く者としてのみ生きてきた」。人間的実質は発育不良となり、このような発育不良の親によって育てられるために、子供の人間的発達に必要な本質的要因が欠けることになる。「やがて成人した人物は、彼もまた過剰な仕事を強いられて、浅薄な気晴らしへの要求に負けることがますます多くなる……。絶対的な受動性、自分から注意をそらし、自分を忘れることが、彼にとっての肉体的な要求となる」（強調はフロム）。結論として、シュヴァイツァーは仕事を減らすことを提唱し、過剰消費とぜいたくを戒めている。

プロテスタント神学者としてのシュヴァイツァーは、ドミニコ修道士としてのエックハルトと同様に、〈人間〉の務めは世間的なことがらから遠く離れた、精神的な自己中心主義の雰囲気の中に引きこもることではなく、能動的な生活を送って社会の精神的完成に寄与するように努めることである、と主張する。「現代人の中で、人間的・倫理的情操をそこなわれていない人がそんなにも少ないとするなら、その少なからぬ理由は、彼らがたえず個人的な道徳性を祖国の祭壇にいけにえとしてささげるだけで、たえず集団と生きたやりとりを交わして、集団を完成へとかりたてる力を与えることをしない、という事実にある」（強調はフロム）

彼は結論する。現在の文化的・社会的構造は破局へ向かって突き進んでおり、そこから生まれるのはただ、「昔よりもはるかに大規模な」ルネサンスであって、絶滅を望まないのなら、私たちは新しい信条と態度によって自己革新をしなければならない、と。「このルネサンスにおける本質的なものは、合理的思考が私たちの手に与える能動性の原理であって、それは〈人間〉の生み出した唯一の合理的で実用的な、歴史的発達の原理となるだろう……。もし私たちが考える人間となる決心をすれば、この革命が起こるという私の信念は正しいと、私は信じている」（強調はフロム）

おそらくシュヴァイツァーが神学者であって、少なくとも哲学的には、〈生命への畏敬〉を倫理の基礎としたことで最もよく知られているからこそ、一般の人びとは彼が産業社会の最もラディカルな批判者の一人として、その進歩と万人の幸福という神話を非難した事実を、無視してきたのだろう。彼は人間社会と世界が、産業化した生活の慣習によって衰えていることを認めた。二十世紀の初めに、彼はすでに人びとの弱さと依存性、仕事への執念の及ぼす破壊的影響、より少ない仕事とより少ない消費の必要に気づいていた。彼が自明のこととしたのは、連帯の精神と生命への畏敬によって組織される、集団生活のルネサンスの必要性であった。

このシュヴァイツァーの思想の紹介を終わる前に指摘しておかなければならないことは、シュヴァイツァーはキリスト教の形而上学的楽観主義とは対照的に、形而上学的には懐疑論者であった、という事実である。これが、人生は至高の存在によって与えられ、保証された意味を持たない、とする仏教思想に彼が惹かれた理由の一つである。彼は次の結論に達した。「もし世界をあるがままに受け入れるなら、そこに〈人間〉および人類の目標や目的が意味をなすような全体的な意味があるとは、とても考えられない」。唯一の意味ある生き方は、世界の中の能動性である。一般的な能動性ではなく、同胞に与え、同胞を思いやる能動性である。シュヴァイツァーはこの答えを、著作において、また身をもって実践することによって与えた。

仏陀、エックハルト、マルクス、シュヴァイツァーの思想には、顕著な類似がある。すなわち、持つ方向づけを放棄せよというラディカルな要請、完全な独立性の主張、形而上学的な懐疑論、神なき宗教性[*29]、思いやりと人間的連帯の精神による社会的能動性の要請。しかしながら、これらの教師たちは時には今述べた要素を意識していない。たとえば、エックハルトは平素、自分の非有神論を意識してはいないし、マルクスは自分の宗教性を意識していない。解釈の問題は、とくにエックハルトとマルクスに関しては非常に複雑なので、思いやりに基づく能動主義の非有神論的宗教を十分に紹介することは、不可能である。この宗教は、これらの教師たちを新しい〈人間〉の必要に即応した、新しい宗教性の創始者とするものなのだが。私は本書の続編において、これらの教師たちの思想の分析を行なうことにする。

私たちの時代の超個人的で機械論的な態度をほとんど超えていないために、ラディカル・ヒューマニストと呼ぶことのできない著者たち(たとえばローマクラブに委託された二つの報告書の作成者たち)でさえ、ラディカルで内的な人間変革こそが経済的破局に代わる唯一の選択であることを見過ごしてはいない。メサロヴィッチとペステルは要請する。「新しい世界意識を……物質資源を使用する際の新しい倫理を……征服よりは調和に基づいた自然への新しい態度を……未来の世代と同一化した意識を……。この地球上における〈人間〉の生活において初めて、彼は自分のなしうることをしないように求められている。彼は経済的・科学技術的前進を抑制するか、少なくともそれを以前とは違う方向へ向けるように、求められている。彼は地球上のすべての未来の世代によって、彼の繁栄を不幸な人びとと――慈善の精神でなくそれが必要であるという精神によって——分かち合うことを、求められている。彼は今や総体的な世界体制の有機的成長に全力を集中することを、求められている。彼は平気でノーと言うことができるだろうか」。彼らはこれらの基本的な人間変革がなければ、「ホモ・サピエンスの運命は窮《きわ》まったも同然である」と結論している。

この研究には幾つかの欠陥がある——私の考えでは、最も顕著な欠陥はいかなる変革をも妨げる政治的・社会的・心理的な要因を考慮していないことである。一般的に必要な変革の方向を示すだけで、彼らのすべての提案を妨げる現実の障害を考慮するための、真剣な試みが続かなければ、それは無益である（ローマクラブが、全般的な目的を達成するための必須条件となる社会的・政治的変革の問題と取り組むことが望まれる）。とはいうものの、これらの報告作成者たちが、初めて全世界の経済的要求や資源を示そうと試みた事実、および序章に書いたように、初めて倫理的変革への要請がなされ、それも倫理的信条の結果としてではなく、経済的分析の合理的な結果としてなされた、という事実は残るのである。

過去数年のうちに、合衆国およびドイツにおいて、かなりの数の書物が同じ要請、すなわち、第一に私たちの生存そのもののために、次いで私たちの福利のために、経済を人びとの要求に従属させよ、という要請を行なった（私が読み、あるいは検討したこのような書物は、ざっと三十五冊にのぼる。しかし、入手しうる数は少なくともその二倍はある）。これらの書物の著者の大部分が一致していることは、消費の物質的な増大は必ずしも福利の増大を意味しないこと、性格学的・精神的な変革が、必要な社会的変革に伴わなければならないこと、天然資源の浪費と、人間生存のための生態学的条件の破壊とをやめなければ、百年以内に破局が起こることが予想されること、である。ここでこの新しいヒューマニズム的経済を代表する顕著な例を少しだけあげよう。

経済学者のエルンスト・F・シューマッハーは、著書の『スモール イズ ビューティフル——人間中心の経済学』において、私たちの失敗は成功のもたらした結果であること、そして技術を現実の人間的な要求に従属させなければならないことを示している。「人生の中心としての経済は、命取りの病気である」と彼は書いている。「なぜなら、限りない成長は限りある世界にはそぐわないからである。経済を人生の中心としてはならないということは、人類のすべての偉大な教師たちによって教えられてきた。そうはなりえないことは、今日明らかになった。もしこの命取りの病気をさらに詳しく記述したければ、それは依存症、たとえばアルコール依存症や薬物依存症に似ていると言えばよいだろう。この依存症がより利己的な形で現われるか、それともより利他的な形で現われるか、またそれが満足を求める方法が、ただ粗野な物質的方法だけか、それとも芸術的、文化的、あるいは科学的に洗練された方法も含むか、というようなことは、大して問題ではない。毒は毒なのだ。たとえ銀紙に包んであっても……。もし精神的文化、すなわち内的な〈人間〉の文化が無視されたら、その時こそ利己心が〈人間〉を支配する力としての地位を保ち、このような方向づけには同胞愛の体制よりも利己心の体制のほうが、資本主義と同様にふさわしいものとなるのである」

シューマッハーは彼の原理を実行に移して、産業化していない国々の要求に応じた小規模機構《ミニマシーン》を考案している。彼の著作が年ごとに人気が高まる——それも大がかりな広告戦術によるのではなく、読者の口から口への宣伝によって——のは、とくに注目すべきことである。

ポール・エールリッヒとアン・エールリッヒの二人は、シューマッハーと似た考えを持つアメリカ人の著者である。共著の『ヒューマン・エコロジーの世界』において、彼らは「〔一九七〇年〕現在の世界の状況」について、以下の結論を提示している。

（1）現在の科学技術と、行動の型を考慮すると、この地球は今、恐るべき人口過剰に陥っている。

（2）人びとの絶対数の多さと人口の増加率とが、人間の諸問題の解決を妨げる主なものである。

（3）人間が従来の方法で食糧を生産する能力は、ほとんどその限界に達している。供給と分配の問題は、すでに人類の約半分が栄養不良あるいは栄養失調になる、という結果をもたらしている。今や一年におよそ千万ないし二千万人が、餓死しつつある。

（4）これ以上食糧生産を増大させようとすれば、環境の悪化が促進され、それがまた逆に地球の食糧生産能力を減らす結果をもたらすだろう。環境荒廃が今や本質的に逆行不可能なところにまで来ているかどうかは、明らかではないが、地球が人間の生命を支える能力は、永久にそこなわれたかもしれない。自動車、殺虫剤、無機窒素肥料などの科学技術的な〈成功〉が、環境の悪化の主な原因となっている。

（5）人口増加は命取りの疫病の世界的な蔓延および水爆戦争の確率を増す、と信じる理由がある。いずれも人口問題に、〈死亡率による解決〉という好ましからぬ決着をつけることができる。それぞれが文明を破壊し、ホモ・サピエンスを絶滅にさえ追いやる、潜在的能力を持っている。

(6) 人口＝食糧＝環境危機を構成する錯綜した諸問題に対しては、科学技術による万能薬はない。ただ汚染の低減、コミュニケーション、および土地の生産力の管理などの分野に科学技術を正しく応用すれば、大きな助けにはなるだろう。根本的な解決のためには、人間の態度における劇的かつ急速な変革が要求される。とくに生殖行動、経済成長、科学技術、環境、紛争の解決に関する態度において〔強調はフロム〕。

ドイツの政治家エアハルト・エップラーの『終末か変革か（*Ende oder Wende*）』も、言及に値する最近の仕事の一つである。エップラーの思想はシューマッハーの思想ほどラディカルではないが、それに似ている。そして彼がバーデン＝ビュルテンベルク〔ドイツ南部の州〕の社会民主党の指導者であり、強固なプロテスタントでもあるので、彼の立場はおそらくとくに興味深いものとなるだろう。私が書いた二冊の書物、『正気の社会』と『希望の革命』も、同じ方向づけのものである。

生産の制限という考えを常にタブーとしてきたソビエト・ブロックの著者たちの中にさえ、成長なき経済に考慮を払うことを提唱する声が上がり始めている。ドイツ民主共和国〔東ドイツ〕における異端的なマルクス主義者であるヴォルフガング・ハーリヒは、静的な世界規模の経済的均衡を提案して、それのみが平等を保証し、生きものの存在しうる領域に、取り返しのつかない害が加えられる危険を避けることができるとしている。さらに一九七二年には、ソ連の最もすぐれた自然科学者、経済学者、地理学者の幾人かが集まって、〈人間とその環境〉について論議した。彼らの協議事項には、ローマクラブの研究結果があり、それを彼らは共感と敬意をもって考察し、同意はしなかったものの、それらの研究にはかなりのすぐれた点のあることを指摘した（この会合の報告については、「参考文献」の「科学技術と政治（Technologie und Politik）」参照）。

ヒューマニズム的社会改造を目指す、これらのさまざまな試みに共通したヒューマニズムの、人類学および歴史学の分野での現われのうち、現代における最も重要なものは、ルイス・マンフォードの『権力のペンタゴン』、およびそれ以前の彼のすべての著作に見いだすことができる。

第八章　人間変革の条件と新しい人間の特色

前提が——人間の性格が、持つ様式の優越からある存在様式の支配へと、根本的に変わることによってのみ、私たちは心理的・経済的破局から救われる、という前提が——正しいと仮定すれば、次の問いが生じる。大規模な性格学的な変革は可能か。またもし可能とすれば、それはいかにしてもたらされうるか。

私の言いたいのは、人間の性格は次の条件が存在すれば、変わりうるということである。

（1）私たちが苦しんでいて、しかもそのことに気づいている。
（2）私たちが不幸の原因を認めている。
（3）不幸を克服する方法があることを私たちが認めている。
（4）不幸を克服するためには、生きるための或る種の規範に従い、現在の生活慣習を変えなければならないことを、私たちが容認している。

これらの四点は、仏陀の教えの基礎をなす四つの崇高な真理〔四聖諦《ししょうたい》あるいは四諦《したい》と呼ばれる釈迦の教え。人間界の苦しみの原因を悟って理想の状態に至る方法を説いている」に対応している。その真理は特定の個人的あるいは社会的環境による人間の不幸には関知しないが、人間存在の一般的条件にかかわるものである。

仏陀の方法を特徴づけるのと同じ変革の原理が、マルクスの救済の思想の基礎にもなっている。このことを理解するためには、マルクス自身が言ったように、彼にとって共産主義は最終目的ではなく、人びとを非人間的に――物、機械、そして自らの食欲の囚人に――する社会＝経済的・政治的条件から人間を解放するはずの、歴史的発展の一つの段階であったことを、知っておくことが必要である。

マルクスの第一の段階は、彼の時代の最も疎外され、最も悲惨な階級であった労働者階級に、彼らが苦しんでいる事実を示すことであった。彼はともすれば労働者の自らの悲惨さに対する意識を覆い隠そうとする幻想を、破壊しようと努めた。彼の第二の段階は、この苦しみの原因を示すことであって、それは彼の指摘によれば、資本主義の本質と、資本主義体制が生み出す食欲と強欲と依存性の性格とにある。労働者の苦しみ（彼らだけの苦しみではないのだが）の原因のこの分析から、マルクスの仕事の主たる眼目、すなわち資本主義経済の分析が生まれた。

彼の第三の段階は、苦しみを生む条件を除去できれば、苦しみを除去できるということを、明らかにすることであった。第四の段階において、彼は古い体制が必然的に生み出さざるをえなかった苦しみを持たない新しい生活慣習、新しい社会体制を示した。

フロイトの治療方法も、本質的には同じようなものであった。患者がフロイトの診察を求めたのは、彼らが苦しんでいたからであり、また自分が苦しんでいる事実に気づいていたからであった。しかし、彼らはふつう自分が何によって苦しんでいるのかには、気づいていなかった。精神分析学者がふつう最初にしなければならないことは、患者が自分の苦しみに関する幻想を捨て、不幸の実際の構成要因は何であるのかを知ることを、助けてやることである。個人的あるいは社会的不幸の本質を分析することは、解釈の問題であって、解釈者によって意見が異なることもありうる。自分が何によって苦しんでいるかについて患者自身が描く臨床像は、診断のためのデータとしては最も当てにならないのがふつうである。精神分析の本質は、患者が自分の不幸の原因に気づくのを助けてやることである。

このような知識の結果として、患者は次の段階、すなわち彼らの不幸は、その原因を取り除けばいやすことができるという洞察に、到達することができる。フロイトの見解では、これは或る種の幼児期のできごとに対する抑圧を、除去することを意味した。しかしながら、伝統的な精神分析は、この第四段階の必要性に関しては本質的に同意していないようで、多くの精神分析学者は、抑圧されているものへの洞察はそれだけで治療的効果を持つと考えているようである。確かにこういう場合はしばしばある。とくに患者が転換性障害や強迫性障害のような、限定された症候で苦しんでいる場合には。しかし、一般的な不幸に苦しんでいて、性格を変えることを必要とする人物の場合は、彼らが達成したいと思う性格の変革に応じて、生活慣習を変えないかぎり、いかなる永続的な効果も得られるとは思わない。たとえば、この世の終わりの日まで個人の依存性を分析して多くの洞察を得たとしても、これらの洞察を得る前に生きていた実際的状況に彼らがとどまる間は、せっかくの洞察も何の役にも立たないだろう。簡単な例をあげるなら、或る婦人の苦しみが父親への依存性に根ざしているとした場合、たとえ彼女がその依存性のより深い原因を洞察したとしても、生活慣習を変えないかぎり、たとえば父親から離れたり、父親の親切を断ったり、これらの実際的な独立手段に含まれる冒険や苦痛を選択したりしないかぎり、彼女はほんとうには変わらないだろう。実践と切り離された洞察は、結局、無効なのである。

1　新しい人間

新しい社会の機能は、新しい〈人間〉の出現を促進することだが、新しい〈人間〉とは次にあげる資質を示す性格構造を持った存在である。

(1) 十全にあるために、あらゆる持つ形態を進んで放棄しようとする意志。

(2) 安心感、アイデンティティの感覚、自信。それらの基礎は自分のある姿であり、結びつき、関心、愛、まわりの世界との連帯への要求であって、世界を持ち、所有し、支配し、ひいては自分の所有物の奴隷になろうとする欲求ではない。

(3) 自分の外のいかなる人間も物も、人生に意味を与えることはなく、このラディカルな独立と、物に執着しないことが、思いやりと分かち合いに専心する最も十全な能動性の条件になりうる、という事実の容認。

（4）自分が今あるところに十全に存在すること。

（5）貯蓄し、搾取することからでなく、与え、分ち合うことから来る喜び。

（6）生命のあらゆる現われへの愛と尊敬。それは物や力やすべての死せるものでなく、生命とその成長に関係するすべてのものが神聖である、という知識の中に見られる。

（7）食欲、憎しみ、幻想をできるかぎり減らすように努めること。

（8）偶像を崇拝することなく、幻想をいだくことなく生きること。それはすでに幻想を必要としない状態に達しているからである。

（9）愛の能力を、批判的で感傷的でない思考の能力とともに、発達させること。

（10）ナルシシズムを捨て、人間存在に内在する悲劇的限界を容認すること。

（11）自己および同胞の十全の成長を、生の至高の目的とすること。

（12）この目的に到達するためには、修養と現実の尊重が必要であることを知っていること。

（13）さらに、いかなる成長も、それが構造の中で起こらなければ健全ではないことを知っていること。しかしまた、生の属性としての構造と、非－生の、死せるものの属性としての〈秩序〉との相違をも知っていること。

（14）想像力を発達させること。それも耐えがたい環境からの逃避としてではなく、現実的可能性の予測として、耐えがたい環境を取り除く手段として。

（15）他人をあざむかないこと、しかしまた他人からもあざむかれないこと。無邪気とは言えるかもしれないが、単純とは言えない。

（16）自己を知っていること。自分が知っている自己だけでなく、自分の知らない自己をも——自分の知らないことについては、漠然とした知識しか持たないかもしれないが。

（17）自分がすべての生命と一体であることを知り、その結果、自然を征服し、従え、搾取し、略奪し、破壊するという目標を捨て、むしろ自然を理解し、自然と協力するように努めること。

（18）気ままではなく、自分自身になる可能性としての自由。貪欲な欲求のかたまりとしてではなく、いつ何どきでも成長と衰退、生と死との選択を迫られる微妙な均衡を保つ構造としての自由。

（19）悪と破壊性とは、成長の失敗の必然的結果であることを知っていること。

（20）これらすべての資質の完成に到達した人びとは少数にすぎないことを知っているが、〈目的に到達する〉野心は持たない。そのような野心もまた貪欲の形態であり、持つ形態であることを知っているから。

（21）どこまで到達できるかは運命にゆだねて、常に成長する生の過程に幸福を見いだすこと。というのは、できるかぎり十全に生きることは、自分が何を達成するかあるいはしないか、という懸念が増す機会をほとんど与えないほどの満足感をもたらすからである。

現代のサイバネティックス的・官僚制的産業主義——その〈資本主義〉版と〈社会主義〉版

とを問わず――に生きている人びとが、持つ存在形態を打破してある存在形態の部分を増大するために、何をなしうるかを示唆することは、本書の限界を越えている。実際、それだけで一冊の書物が必要だろう。『あるということ（*The Art of Being*）』という表題のふさわしい書物が。しかし、福利への道に関する多くの書物が近年出版され、中には有用なものもあるが、ほかの多くは不安から逃れたいという人びとの望みに迎合する新しい市場を開拓するものであって、その欺瞞性によって有害なものとなっている。福利の達成の問題に真剣な関心を持つ人であれば、だれにでも役立つと思われる有益な幾つかの書物を「参考文献」にあげておいた。

第九章　新しい社会の特色

1　新しい人間科学

新しい社会の創造を可能にするためにまず必要なことは、このような試みが直面しなければならないほとんど打ち勝ちがたいほどの困難に気づくことである。おそらくこの困難に対する漠然とした意識しか持たないことが、必要な変革をもたらす努力がほとんどなされない主な理由の一つなのだろう。多くの人びとがこう考えている。「どうしてできないことをしようと努力するのだ。それよりも、今進んでいる方向へ向かえば、地図にある安全と幸福の土地へ行けると思って行動しようではないか」と。無意識のうちに絶望しながら楽観主義の仮面をかぶる人びとは、必ずしも賢明ではない。しかし、希望を捨てていない人びとの場合も、彼らが実際的な現実主義者であり、すべての幻想を捨て、困難を十全に認識した場合に、初めて成功できる。この沈着さが目覚めた〈空想家《ユートピアン》〉と夢見る〈空想家〉とを区別するのである。

新しい社会の建設が解決しなければならない困難のごく一部をあげるなら、

(1)産業的生産様式を継続するに当たって、いかにすれば中央集権化を免れることができるか、すなわち、いかにすれば古い型のファシズム、いやもっと大きな可能性として、科学技術による〈ほほえむファシズム〉に終わらずに済むか、という問題を解決しなければならないだろう。

(2)総合的な計画を高度の分権化と組み合わせ、今ではほとんどが虚構となった〈自由市場経済〉を捨てなければならないだろう。

(3)経済的破綻の危険を冒すことなく、限りない成長の目的を捨てて選択的成長を求めなければならないだろう。

(4)物質的利益でなく、ほかの精神的満足が効果的な動機づけとなるような労働条件や、全体的な風潮を作り出さなければならないだろう。

(5)科学的進歩を促進すると同時に、この進歩が実際に応用されることによって、人類にとっての危険となることを防がなければならないだろう。

(6)人びとが最大限の快楽による満足ではなく、福利と喜びを味わうことのできる条件を、作り出さなければならないだろう。

(7)個人に基本的な安心感を与えるとともに、彼らが官僚制を当てにして養ってもらうことがないようにしなければならないだろう。

(8)仕事における個人の創意(どっちみち、もはやそれはほとんど存在しないが)ではなく、生活における個人の創意の可能性を回復しなければならないだろう。

技術の発達において、幾つかの困難が打ち勝ちがたいと思われたように、右に列挙した困難は、今は打ち勝ちがたいように見える。しかし、技術上の困難は打ち勝ちがたいものではなかった。なぜなら観察の原理と自然の知識とが自然を支配する条件である、と宣言する新しい学問が確立されたからであった（フランシス・ベーコン『新機関』一六二〇年）。十七世紀のこの〈新しい学問〉は、今日に至るまで産業化諸国の最もすぐれた人びとを惹きつけ、人間の頭が夢想しつづけた技術的ユートピアの実現をもたらした。

しかし、ざっと三世紀のちの今日では、私たちはまったく違った新しい学問を必要としている。私たちは応用社会改造学の基礎としての、ヒューマニズム的な人間科学を必要としているのだ。

技術的ユートピア——たとえば空を飛ぶこと——は、新しい自然に関する科学によって達成された。メシアの時代の人間的ユートピア——一体となった新しい人類が連帯と平和の中に生き、経済によりすべてを決定されることもなく、戦争や階級闘争もない——が達成されうるとすれば、それは私たちが技術的ユートピアの実現のために費やしたのと同じだけの精力、知性、熱意を、人間的ユートピアの実現のために費やすときである。ジュール・ヴェルヌを読むことによって、潜水艦を建造することはできない。預言者たちの言葉を読むことによって、ヒューマニズムの社会を建設することもできない。

自然科学の至上権から新しい社会科学へのこのような変革が起こるかどうかは、だれにもわからない。もし起こるとすれば、私たちにはまだ生存の機会があるかもしれない。しかしそれが起こるかどうかは、次の一つの要因にかかっている。すなわち、いかに多くのすぐれた、学識のある、修養を積んだ、思いやりのある男女が、人間精神に対する新しい挑戦に惹きつけられるか、そしてまた、今後の目的は自然に対する支配ではなく、技術に対する支配であり、人類とは言わずとも西洋社会の生存を脅かしている非合理的な社会の力や慣習に対する支配であるという事実に、惹きつけられるかということだ。

　私の信条を言えば、私たちの将来は最もすぐれた人びとが現在の危機に気づいて、新しいヒューマニズム的〈人間〉科学に専心すべく、自己の力を動員するかどうかにかかっている。というのは、こういう人びとの協力がなければ、すでにここであげた諸問題を解決し、以下で論じる諸目的を達成する助けになるものは何もないからである。

〈生産手段の社会的所有〉のような全体的目標を持った青写真は、主として社会主義の不在を覆い隠すための、社会主義者や共産主義者の合言葉となってしまった。〈プロレタリア独裁〉や〈知的エリート〉の独裁が、漠然とした誤解されやすい言葉であることは、〈自由市場経済〉の概念にも劣らないし、またその点では〈自由〉国民の概念にも劣らない。マルクスからレーニンに至る初期の社会主義者や共産主義者は、社会主義あるいは共産主義社会の具体的な計画を持っていなかった。これが社会主義の大きな弱点であった。

　あることの基礎となる新しい社会形態が生まれるためには、多くの企画、モデル化、研究、実験によって、必要なことと可能なこととの間の隔たりに橋を渡すことを始めなければならない。これは結局は大規模な長期計画と、最初の段階に取りかかるための短期的な案ということになるだろう。問題はそれらに取り組む人びとの意志と、ヒューマニズム精神である。そのうえ、理想を描くと同時に、それを達成するために何ができるかを一歩一歩具体的に認めることができるならば、人びとは恐怖ではなく、勇気づけと熱意を感じるようになるだろう。

社会の経済的・政治的分野を人間的発達に従属させるべきものとするならば、新しい社会のモデルは、疎外されていない、ある方向づけを持った個人の必要とするものによって決定されなければならない。このことが意味するのは、人間は非人間的貧困――今なお大多数の人びとの主な問題である――の中に生きることもなく、また――産業化した世界の裕福な人びとのように――生産のたえざる成長を要請し、ひいては消費の増大を強要する資本主義生産の内在的法則によって、消費人《ホモ・コンシューメンス》となることを強制されることもない、ということである。仮にも人間が自由となり、病的な消費で産業を養うことをやめるべきものとするならば、経済体制におけるラディカルな変革が必要である。すなわち、人間を不健康にして初めて健康な経済が可能になるという、現在の事態に終止符を打たなければならない。なすべきことは、健康な人びとのための健康な経済を作り上げることである。

この目的に向かう最初の決定的段階は、生産を〈正気の消費〉のための方向に向けることである。

「利益のためでなく使用のための生産を」という伝統的な定式は、いかなる種類の使用を指すのか、すなわち健康な使用と病的な使用のいずれを指すのかを限定していないので、不十分である。ここできわめて困難な実際的疑問が生じる。どの要求が健康でどの要求が病因的であるかを、だれが決定するのか。一つのことは確かである。すなわち、国家が最上と決めるものの――たとえそれが実際に最上であっても――消費を市民に強制するようなことは、問題外だということ。官僚制支配によって強制的に消費を妨げようとすれば、人びとはかえってますます消費に飢《かつ》えることになるだろう。正気の消費は、ますます多くの人びとが消費の型と生活のしかたを変えることを望む場合に、初めて行なわれうる。そしてこのことはまた、人びとに今慣れているよりも魅力的な消費の類型を提供することによって、初めて可能となる。これは一夜にして起こりうるものでもなければ、法令によって行なわれうるものでもなく、ゆっくりとした教育過程を必要とするものであって、この点において政府は重要な役割を演じなければならない。

　国家の機能は病的でつまらない消費に対して、健康な消費の規範を確立することである。原理的には、このような規範を確立することは可能である。アメリカ食品医薬品局（ＦＤＡ）がよい例になる。それはどの食品とどの医薬品が有害であるかを決定するのであって、その決定はさまざまな分野の科学者の専門的な意見に基づいて、しばしば長期間にわたる実験ののちに行なわれる。同じようにして、その他の商品や事業に対する評価も、心理学者、人類学者、社会学者、哲学者、神学者、そしてさまざまな社会的集団や消費者集団の代表者からなる委員会によって決定される。

　しかし、何が生命を促進し、何が生命を害するかを検討するためには、ＦＤＡの諸問題を解決するときとは比較にならないほど大規模な研究を深めなければならない。人間の要求の本性という、今までほとんど手もつけられたことのない問題に関する基礎的な研究が、新しい〈人間〉科学によってなされなければならないだろう。私たちが決定しなければならないのは、次のことである。どの要求が私たちの有機体に起源を発しているのか。どれが文化過程の結果なのか。どれが個人の成長の表現なのか。どれが産業によって個人に強制される合成品なのか。どれが〈能動化〉し、どれが〈受動化〉するのか。どれが病理に根ざし、どれが精神的健康に根ざしているのか。

現在のＦＤＡとは対照的に、新しいヒューマニズム的専門家集団の決定は、強制力を持たず、指標としての役目を果たすだけで、あとは市民の討議にゆだねられることとなるだろう。私たちはすでに健康な食品と不健康な食品の問題については、十分に気づいている。専門家の研究の結果は、ほかのすべての正気の、また病的な要求に対する社会の認識を高めるのに役立つだろう。人びとはたいていの消費が受動性を生むことを知り、速さや新しさへの要求は消費主義によってのみ満足させることができるものであって、不安感や内的な自己逃避の反映であることを知るだろう。彼らはたえず次になすべきことを探したり、たえず最新の小道具を探して使ったりすることは、自分が自己あるいは他人に近づくことを防ぐ手段にすぎないことに、気づくだろう。

政府は望ましい商品や事業を生み出す計画には、それらが利益をあげるようになるまで助成金を出すことによって、この教育過程を大いに促進することができる。これらの努力とともに、正気の消費のための一大教育運動を進める必要があるだろう。正気の消費への欲求を刺激するための協力が、おそらくは消費の型を変えるだろう。たとえ現在の産業が用いている洗脳的な広告手段を使わないとしても——しかもこれは必須の条件である——この努力が、産業の宣伝に比べてもそう引けを取らない効果を生むと期待することも、不当ではないと思われるのである。

「何が福利を増進するのか」の原理による選択的消費（あるいは生産）という、全体計画に対する大方の反論は、自由市場経済では消費者は自分の望みどおりのものを手に入れるから、〈選択的〉消費の必要はない、とするものである。この論法は、消費者は自分のためになるものを望むという仮定に基づいているが、この仮定はもちろんだれの目にも明らかに間違っている（薬物の場合、いやおそらくはたばこの場合でも、だれもこんな論法は用いないだろう）。この論法が明らかに無視している重要な事実は、消費者の願望は生産者によって作り出されるということである。品種間の競争はあるけれども、広告が生み出す全体的な効果は、消費への渇望を刺激する。すべての会社は広告を通じてこの基本的な影響を及ぼすことにおいて、互いに助け合っている。買い手は、競争する幾つかの品種の中から選ぶという怪しげな特権を、二次的に行使するだけである。消費者の願望が全能なのだと論じる大方の人びとが持ち出す実例の一つは、フォードの〈エドセル〉〔一九五〇年代にフォードが多大の期待をかけて生産したが、売れなかった車の名〕の失敗である。しかし、エドセルは成功しなかったが、エドセルのための広告宣伝も、自動車を買わせる宣伝であった——それによって不運なエドセルのほかのあらゆる車種が利益を得た——という事実は、変わらない。そのうえ、産業は人間にはより健康的だが、産業にはより利益の少ない商品を生産しないことによって、人の好みを左右するのである。

正気の消費は、大企業の株主や経営者が企業の利益と発展のみに基づいて生産を決定する権利を、私たちが大幅に制限しえたときに、初めて可能となる。

このような変革は、西洋民主主義の組織を変えなくとも、法律によって実現することができる（私たちはすでに公共の福祉のために財産権を制限する、多くの法律を持っている）。問題は生産の方向を決める力であって、資本の所有権ではない。いったん広告の暗示力に終止符が打たれたなら、結局は消費者の好みが何を生産すべきかを決めるだろう。新しい要請を満たすために、現存の企業は設備を変えなければならないだろうが、それが不可能な場合には、政府が必要な資本を使って、要求される新しい生産品や事業を生み出さなければならない。

これらすべての変革は、ゆっくりと時間をかけ、しかも住民の大多数の同意を得て、初めてなしうることである。しかし、それらはやがて新しい形の経済体制になる。今日の資本主義とは異なるが、ソビエトの中央集権的な国家資本主義や、スウェーデンの総合福祉的な官僚制とも異なる経済体制に。

そもそもの初めから大会社がその途方もない力を利用して、このような変革と戦おうとするであろうことは明らかである。正気の消費を求める市民の圧倒的な欲求のみが、会社の抵抗を打ち破ることができるだろう。

市民が消費者の力を示すことのできる一つの効果的な方法は、戦闘的な消費者運動を組織して、〈消費者ストライキ〉のおどしを武器として使うことである。たとえば、アメリカの車消費人口の二十パーセントが、もう自家用車を買わないと決めたと仮定しよう。決定の理由はこうである。すぐれた公共輸送に比べると、自家用車は経済的に無駄であり、生態学的に有毒であり、心理学的に有害である――人為的な力の感覚を生み、羨望心を増大し、自己逃避を助ける麻薬である――と、信じるから。それが自動車産業にとって――またもちろん、石油会社にとっても――どれほど大きな経済的脅威になるかは、経済学者だけが測定しうることだが、もしこのような消費者ストライキが起こったとすれば、自動車生産を中心とした国民経済が重大な困難に陥ることは、明らかである。もちろん、だれもアメリカ経済が重大な危機に陥ることを望んではいないが、このようなおどしは、それを信じさせることができるならば（たとえば車の使用をひと月やめてみたまえ）、生産の全体制における変革を引き起こすだけの強力な手段を、消費者に与えるだろう。

消費者ストライキの大きな利点は、政府の動きを必要としないこと、それに反抗するのが困難であること（政府が市民に買いたくないものをも強制して買わせるという手段をとらないかぎり）、そして政府の条例によって実施するために市民の五十一パーセントの賛成を待つ、という必要がないことである。というのは、実際二十パーセントの少数者でも、変革を引き起こすにはきわめて強力になりうるからである。消費者ストライキは政治的傾向やスローガンを乗り越えることができるだろう。自由主義や〈左翼〉のヒューマニストだけでなく、保守主義者も参加することができるだろう。一つの動機づけ、すなわち正気で人間を高める消費への欲求が、皆を一つにするからである。消費者ストライキの中止を指令する第一段階として、ラディカル・ヒューマニズム的消費者運動の指導者たちは、要請されている変革を求めて、巨大産業の経営者と（また政府と）交渉するだろう。彼らのやり方は、基本的には労働者のストライキを回避したり終わらせたりするための交渉の場合と、同じになるはずだ。

　これらすべてにおける問題は、消費者に次のことを気づかせるところにある。（1）消費主義に対する彼らの半ば無意識的な抗議と、（2）ヒューマニズム精神を持った消費者がいったん組織化されたときの潜在的な力。このような消費者運動は、真の民主主義の発露となって、個人は直接に自己を表現し、能動的で疎外されないやり方で社会の発達の方向を変えようとするだろう。しかも、これらすべての基礎になるのは、政治スローガンではなく個人的経験だろう。

　しかし、大会社の力が現在と同じように強大であるかぎり、たとえ効果的な消費者運動を行なったとしても、まだ十分ではない。というのは、巨大な会社が大きな支配力を政府に対しても（これは日に日に大きくなっている）、住民に対しても（洗脳による思想支配を通じて）持っているという現状を打破しないかぎり、まだ存在する民主主義のなごりさえも、技術家政治《テクノクラシー》的ファシズムや、栄養十分で何も考えないロボットの社会――〈共産主義〉の名のもとにあれほど恐れられた社会の類型にほかならない――に、屈する運命にあるからなのだ。合衆国には反トラスト諸法に表現されているように、巨大企業の力を制限する伝統がある。これらの法律の精神を現在の法人組織の超大勢力に適用して、それらをもっと小さな単位に解体させるような発議を、強力な社会感情によって行なうこともできるだろう。

　あることに基づく社会を達成するためには、すべての人びとが自分の経済的な機能において、また市民として、能動的に参加しなければならない。かくして、持つ存在様式からの解放は、産業的・政治的参加民主主義の十全な実現によって、初めて可能となる。

　この要請は、たいていのラディカル・ヒューマニストに共通している。

　産業民主主義に含まれる意味は、産業あるいはその他の大組織のそれぞれの構成員が、その組織での生活において能動的な役割を演じること、それぞれが十全な情報を与えられ、方針決定に参加すること、それも個人の作業過程や健康と安全のための方策の段階に始まり（これはすでにスウェーデンとアメリカの幾つかの企業で試みられて、成功している）、結局はより高度な段階へ進んで、企業の全般的方針の決定に参加すること、である。企業外の労働組合の役員ではなく、労働者や従業員自身の代表が出ることが肝要である。産業民主主義がさらに意味することは、企業は単に経済的・技術的な組織であるばかりでなく、社会的組織でもあって、その生活と機能のしかたにおいてすべての構成員が能動的となり、その結果、参加の精神を持つようになる、ということである。

　政治的民主主義の実現にも、同じ原理が当てはまる。民主主義が権威主義の脅威に抵抗するためには、受動的な〈観客民主主義〉から能動的な〈参加民主主義〉――そこでは、共同体のことがらが市民個人にとって、私的なことがらと同じように身近で重要であり、さらに進んで、共同体の福利がそれぞれの市民の私的な関心事となる――へと、変貌しなければならない。共同体に参加することによって、人びとにとって生活はより興味深く刺激的になる。実際、真の政治的民主主義は生活がまさにそのように、すなわち興味深いものになる民主主義である、と定義することができる。このような参加民主主義はそもそもの本質から――〈人民の民主主義〉や〈中央集権的民主主義〉とは対照的に――非官僚制的であり、扇動政治家の出現を事実上排除するような風潮を、生み出すのである。

参加民主主義実現のための方法の立案は、十八世紀における民主主義組織の完成に比べても、おそらくはるかに困難だろう。多くの有能な人びとが参加民主主義を打ち立てるための新しい原理と、実現の方法を立案するために、巨人《ガルガンチュア》のごとき力を振るうことを、要求されるだろう。この目的の達成のために考えられる多くの提案の一つにすぎないものとして、二十年以上前に『正気の社会』で行なった提案を繰り返して述べたい。すなわち、数十万のお互いに顔の見える集団《フェイス・トゥ・フェイス・グループス》（それぞれ約五百人の構成員からなる）を作り、それを討議と決定のための常設の集まりとして、経済、外交政策、保健、教育、福利の手段の分野における基礎的な問題に当たらせること。これらの集団は関連性のあるすべての情報（この情報の性質については、あとで述べる）を与えられ、この情報を討議し（外部の影響なしに）、論点について投票することになる（現在の科学技術によって、これらの投票はすべて一日のうちに集計できるだろう）。これらの集団の総体が〈下院〉を形成し、その決定はほかの諸政治機関の決定とともに、立法面に決定的な影響力を持つだろう。

「どうしてこんな手のこんだ計画を作るんだ」という質問が出るだろう。「世論調査でも、同じように短い時間で全住民の意見が聞き出せるじゃないか」。この反論は、意見の表明において最も問題となる側面の一つに触れている。世論調査の基礎になる〈意見〉とは何だろう。それは人が十分な情報も、批判的熟考も、対議もなしにいだく見解にすぎないのではないだろうか。そのうえ、調査される人びとは自分たちの〈意見〉は問題にされないこと、それゆえ何の効果も持たないことを知っている。このような意見は、或る与えられた瞬間における人びとの意識的な考え方を構成するにすぎない。それらはもし事情が変われば反対の意見を生じさせるかもしれない底流に関しては、何も語らない。同じように、政治的選挙の投票者は、いったん或る候補者に投票すれば、自分はもはや、ことの成り行きに対して現実的な影響力を持たないことを知っている。或る意味では、政治的選挙における投票は、半催眠術的な技巧によって思考力を鈍らされるために、世論調査より悪いとさえ言える。選挙は候補者の望みや抱負が――政治的論点でなく――掛けられた、はらはらするようなソープオペラ〔ラジオやテレビで放送されるメロドラマ。もとは石鹸会社がスポンサーとなることが多かったので、こう呼ばれる〕となる。投票者は自分が味方する候補者に投票することによって、このドラマに参加することさえできる。住民の大部分はこの参加のジェスチャーをすることを拒否するとしても、たいていの人びとは、剣闘士ならぬ政治家が闘技場で戦うという、現代におけるローマ式の見せものに夢中になるのである。

　真正な信条を形成するためには、少なくとも二つのことが要求される。すなわち、十分な情報と、自分の決定が効果を持つという知識とである。無力な傍観者によって形成される意見は、彼もしくは彼女の信条を表明するものではなく、一つのゲームであって、或る種類のたばこがほかのたばこより好きだというのに似ている。これらの理由から、世論調査や選挙で表明される意見は、人間の判断力の最上ではなく最悪の水準を構成することになる。この事実は、人びとの最上の判断力のただ二つの例をあげるだけで裏づけられる。すなわち、人びとの決定は次の場合において、彼らの政治的決定の水準よりはるかにすぐれている――（a）私的なことがらにおいて

（経済学者ヨーゼフ・シュンペーターがきわめてはっきりと示したように、とくに仕事《ビジネス》において）。（b）陪審員になったとき。陪審員はふつうの市民からなり、しばしば非常に複雑で理解しにくい事件において、決定を下さなければならない。しかし陪審員は関連するすべての情報を与えられ、長い討論の機会を持ち、かつ彼らが裁くことを委任された人物の生命や幸福は、彼らの判断によって決定されるということを知っている。その結果として、彼らの決定は概して高度の洞察と客観性を示すのである。これとは対照的に、情報を持たず、半ば催眠状態にあり、かつ無力な人びとは、真剣な信条を表明することができない。情報もなく、討議もなく、自分の決定に効果を持たせる力もなければ、民主的に表明された意見と言っても、それはスポーツ競技で拍手するのとほとんど変わりはない。

政治的生活における能動的参加は、産業および政治を通じて最大限の分権化を必要とする。現行の資本主義に内在する論理によって、企業と政府はますます大きくなり、結局は官僚制機構によって最高首脳が中央集権的に管理する巨人となる。ヒューマニズム社会の必要条件の一つは、この中央集権化の過程が止まり、大規模な分権化が起こることである。これには幾つかの理由がある。もし社会がルイス・マンフォードの名づけた〈巨大機械《メガマシーン》〉に変貌すれば（すなわち、社会全体がその中の人びとをも含めて、中央集権的に動かされる大きな機械のようになってしまえば）、結局、ファシズムはほとんど不可避的となる。なぜなら、（a）人びとはヒツジとなり、批判的思考の能力を失い、無力感を持ち、受動的となり、必然的に、何をなすべきかを――そしてそのほか自分たちの知らないすべてのことを――〈知っている〉指導者にあこがれるようになる。（b）〈巨大機械〉は、それに近づきうる人ならだれでも、ただ押すべきボタンを押すだけで、動かすことができるからである。〈巨大機械〉は自動車と同じように、本来自動的である。車の場合、ハンドルを握る人物は、ただ押すべきボタンを押し、ハンドルをまわし、ブレーキを掛け、その他幾つかの同じように簡単な細目に若干の注意を払うだけでよい。車やほかの機械における多くのハンドルに当たるものは、巨大機械においては、多くの水準の官僚制的な管理である。平凡な知性と能力の持ち主でも、いったん彼もしくは彼女が権力の座につけば、容易に国家を動かすことができるのである。

　政府の機能は州に——これまた巨大な複合体である——ゆだねられるべきではなく、比較的小さくて、人びとが今でもお互いを知り、かつ判断することができ、それゆえ彼ら自身の共同体のことがらの管理に、能動的に参加できるような地区のそれぞれにゆだねられるべきである。産業の分権化によって、或る所定の企業の内部の小さな部門はより大きな権限を与えられ、巨大な会社も小さな単位に分割されなければならない。

　能動的で責任ある参加は、さらにヒューマニズム的な運営が官僚制的な運営に取って代わることを、必要とする。

　今なおたいていの人びとが信じていることは、あらゆる種類の大規模な管理は必然的に〈官僚制的〉、すなわち疎外された形の管理であるということである。そしてたいていの人びとが気づいていないことは、医者と患者や夫と妻の関係のようにそれが明らかでないような場合でさえ、官僚制的な精神がいかに人間を麻痺させるものであるか、またそれがいかに人生のすべての分野に行き渡っているか、である。官僚制的方法とは、（a）人間をあたかも物のごとく管理し、（b）物を質的な観点でなく量的な観点から管理することによって、数量化と支配をいっそう容易で金のかからないものにしようとする方法と定義することができる。官僚制的方法は統計的データに支配される。官僚は決定をなすに当たって、目の前に立っている生きた人間への反応ではなく、統計的データから得た固定した規則を基礎とする。彼らは統計的に最も実情に近いと思われるものに従って問題点を解決するので、その型に当てはまらない五ないし十パーセントの人びとは損害を受ける恐れがあるわけである。官僚は個人的な責任を恐れ、規則の背後に隠れる。彼らの安心感と誇りとは規則に対して忠実であることにあり、人間の心の法則に対して忠実であることにはない。

アイヒマンは官僚の極端な一例であった。アイヒマンが数十万のユダヤ人を殺したのは、彼らを憎んだからではなかった。彼はだれをも憎まず、だれをも愛さなかった。アイヒマンは「義務を果たした」のだ。彼はユダヤ人を殺したとき、義務に忠実であった。彼はただユダヤ人のドイツ国外追放の促進のみを命じられたときにも、同じように義務に忠実であった。彼にとって大切なことは、ただ規則を守ることだけであった。彼は規則にそむいたときにのみ、罪悪感を覚えた。彼の陳述（これによって彼の立場は悪くなった）によれば、彼が罪悪感を覚えたのは二つの点だけであった。すなわち、子供のころにずる休みをしたことと、空襲の時に避難命令にそむいたことと。このことはアイヒマンやほかの多くの官僚にサディズムの要素、すなわちほかの生きものを支配する満足感がなかったことを、含意しているわけではない。しかしこのサディズムの傾向は、官僚の持つ一義的要素である人間的反応の欠如と規則への崇拝に比べると、二義的であるにすぎない。

私はすべての官僚がアイヒマンであるとは言っていない。第一に、官僚制の中に地位を占める人間の多くは、性格学的な意味では官僚ではない。第二に、多くの場合、官僚的態度がその人物のすべてを支配し、彼もしくは彼女の人間的な面を殺してしまうまでには、至っていない。しかし、官僚の中には多くのアイヒマンがいる。そしてただ一つの違いは、彼らが数千人の人びとを殺さなくてもよかったということである。しかし、病院の官僚が規則では医者が患者を送り込むことになっているからと言って、危篤の病人の入院を拒んだとすれば、その官僚の行為はアイヒマンのしたこととまったく変わらない。また官僚制の法規の中の或る規則を破るぐらいなら、被保護者を飢えさせようと決心する福祉相談員も同じである。官僚的態度は、管理者にのみ存在するものではない。それは医者、看護師、教師、大学教授にも——妻との関係における多くの夫、また子供との関係における多くの親にも——存在する。

生きている人間がいったん数に還元されてしまったら、真の官僚はまったくの残酷行為を犯すことができる。それは彼らがその行為に比例した大きさの残酷性にかられるからではなく、相手に何の人間的なきずなも感じないからなのだ。サディストほどひどくはないが、官僚のほうが危険である。なぜなら、彼らの内部には良心と義務との葛藤すらないからである。彼らの良心は実際に義務を果たしているのである。感情移入と同情の対象としての人間は、彼らにとっては存在しない。

えてして不親切になりがちだった古い型の官僚が今でも存在するのは、古くからある企業や、福祉部門、病院、刑務所のような大きな組織など、ただ一人の官僚が貧乏やその他の理由で無力である人びとに、かなり大きな権力を振るえるところである。現代産業の官僚は人びとに権力を振るうことに多少の喜びを感じるかもしれないが、不親切ではなく、おそらくはサディズムの傾向などほとんど持たないだろう。しかしここでもまた、私たちは彼らの中に物――彼らの場合は体制であり、彼らはそれを信頼している――へのあの官僚的忠誠を見いだすのである。会社は彼らのわが家であり、その規則は〈合理的〉であるゆえに神聖である。

しかし、古い官僚も新しい官僚も、参加民主主義の体制においては存在しえない。というのは、官僚制の精神は個人による能動的参加の精神と相容れないからである。新しい社会科学者は、単なる規則の適用ではなく、人びとと状況への反応《レスポンス》（〈責任《レスポンシビリティ》〉を反映した）によって動かされる、新しい形の非官僚制的で大規模な管理計画を立案しなければならない。非官僚制的な管理は、管理者の反応の潜在的な自発性を考慮し、かつ効率に固執しないようにすれば、実際に可能である。

あることの社会の確立に成功するかどうかは、ほかの多くの方策にもかかっている。以下の提案をするに当たって、私は独創性を主張はしない。反対に、私はこれらの提案のほとんどすべてが、ヒューマニズムの立場の著者たちによって、いろいろな形で行なわれているという事実に勇気づけられるのである。[*30]

（1）産業的・政治的広告においては、あらゆる洗脳的方法が禁止されなければならない。

これらの洗脳的方法が危険なのは、必要でなくほしくもないものを私たちに買わせるからだけでなく、もし私たちが十全に正気であれば必要とも思わないし、また、ほしいとも思わないような代表を政治面で選ばせるからでもある。ところが、私たちは催眠術的な方法による宣伝のために、十全に正気ではない。このたえず増大する危険と戦うために、政治家の場合にも商品の場合にも、あらゆる催眠術的な宣伝形態の使用を禁止しなければならない。

広告や政治宣伝に用いられる催眠術的方法は、精神的健康に対して、とくに明晰かつ批判的な思考と、情緒面での自主性に対して、重大な危険となる。徹底した研究によって、薬物依存症の及ぼす害は、潜在意識への暗示から半催眠術的なやり方、たとえば絶え間ない反復、あるいは性的欲望に訴えて合理的思考をゆがめるといったやり方（「リンダです。乗ってね！」〔アメリカの航空会社のテレビ広告で、性的な意味を暗に含んでいる〕）に至るまでの現代の洗脳方法に比べると、その何分の一かにすぎないことが示されるだろうと、私は信じている。広告、とくにテレビのコマーシャルにおける、暗示のみに頼る方法による爆撃は、人間を駄目にしてしまう。理性と現実感覚へのこの攻撃は、場所、日、時間を問わず、個人につきまとう。テレビを見ている長い時間、ドライブしているとき、あるいは候補者の政治宣伝の中で、など。これらの暗示に頼る方法の持つ独特の効果は、半分目を覚ましたような、信じるような信じないような、現実感覚を失ったような雰囲気を生み出すということである。

集団暗示の毒の使用をやめると、薬物依存症患者が薬物の使用をやめたときに経験する禁断症状と、ほとんど変わらない禁断効果が消費者に生じるだろう。

(2) 豊かな国民と貧しい国民との間の隔たりを埋めなければならない。

この隔たりが続き、さらに深まるならば、破局がもたらされることにほとんど疑いはない。貧しい国民は産業化した世界による経済的搾取を、天与の事実として容認することをやめてしまった。ソ連は今なお衛星諸国を昔と同じ植民地主義的なやり方で搾取していながら、植民地の諸民族の抗議を西洋への政治的な武器として使っている。石油の値上げは、原料を安く売り、産業製品を高く買わなければならない体制に終止符を打てという、植民地諸民族の要請の開始——そしてシンボル——であった。同じように、ベトナム戦争は、西洋による植民地諸民族の政治的・軍事的支配終焉の開始のシンボルであった。

この隔たりを埋めるために何も決定的なことがなされなければ、どんなことが起こるだろうか。流行病が白人社会の砦《とりで》の中に広まるか、それとも飢饉によって絶望に追い込まれた貧しい国々の住民が、おそらくは産業化した世界の同調者の援助を得て、破壊行為を働き、小さな核兵器や生物兵器さえ使って、白人の砦の中に大混乱をもたらすだろう。

この破局の可能性は、空腹、飢餓、病気を生む条件を制御することによって初めて回避することができる——そのためには、産業化した国の国民の援助が死活にかかわる必要性を持っている。このような援助の方法は、豊かな国々の利益や政治的便宜とのあらゆるかかわりを断ち切ったものでなければならない。このことはまた、資本主義の経済的・政治的原理がアフリカとアジアへ及ぼされるべきだ、とする考え方とも無縁であることを意味する。経済的援助を与える最も効果的な方法（たとえば事業や資本投下によって）が、経済の専門家の決めるべき問題であることは、明らかである。

しかし、真の専門家としての資格を持つ人びとだけが、この目的のために働くことができる。それはすぐれた頭脳だけでなく、やさしい心を持っていて、最適な解決を求めようとする人びとである。これらの専門家を招いて、その勧告に従うためには、持つ方向づけが大幅に弱まり、連帯感と思いやり（あわれみでなく）の感覚が生じなければならない。思いやりとは、この地球上の同胞だけでなく、子孫に対する思いやりをも意味する。実際、依然として地球の原料を強奪し、地球を汚染し、核戦争の準備を続けているということほど顕著に、私たちの利己心を物語るものはない。私たちは子孫に遺産として、この荒らされた地球を残すことに、何のためらいも感じていないのである。

この内的変貌は起こるだろうか。だれにもわからない。しかし、世界が知らなければならない一つのことは、これがなければ貧しい国民と豊かな国民との衝突が収拾不可能になる、ということである。

(3) 今日の資本主義社会と共産主義社会の不幸の多くは、年間保証所得の導入によってなくなるだろう。[*31]

この考え方の核心は、すべての人が、働くか否かを問わず、無条件の権利として飢えから守られ、住まいを与えられるということである。彼らには生きるために基本的に必要なもの以上は与えられない——しかし、それ以下を与えられることもない。この権利は現代にとっては新しい概念の表明であるが、実はキリスト教によって要請され、多くの〈原始的な〉部族も実践していた非常に古い規範なのであって、それは人間は〈社会への義務〉を果たすかどうかにはかかわりなく、生きるための無条件の権利を持つ、という規範である。それは私たちがペットには認めながら、同じ人間には認めていない権利でもある。

個人的自由の領域は、このような法律によって途方もなく拡大されるだろう。ほかの人間に（たとえば、親、夫、社長に）経済的に依存している人でも、だれももはや飢えのおどしに屈服することを強いられないし、天賦の才能を持っていて、違った人生を送る準備をしたいと思う人物も、しばらく或る程度の貧しい生活を忍ぶ意志さえあれば、そうすることができるだろう。現代の福祉国家はこの原理を受け入れた——ほとんど……ということは、実は「ほんものではない」ことを意味する。官僚制がなおも人びとを〈管理〉し、なおも人びとを支配し、はずかしめている。しかし、保証所得はいかなる人に対しても、質素な部屋と最低限の食物を得る必要性を〈証明〉することを、要求しない。かくして、浪費を持ちまえとし、人間の尊厳を傷つける官僚制によって、福祉計画を管理する必要はなくなるだろう。

年間保証所得は、自由と独立とを現実に保証するだろう。そのために、それは搾取と支配に基づくいかなる体制にも、とくにさまざまな独裁形態には、受け入れられないものである。ソビエト体制を特徴づけるのは、（たとえば、無料の公共輸送や無料の牛乳など）最も単純な形の品物を無料にする提案すら、一貫して退けられてきたことである。無料の医療は例外だが、それも見掛けだけである。というのは、無料の医療は一つのはっきりした条件に対してのみ与えられるからである。

すなわち、それを受けるためには、病気にならなければならないということだ。
大規模な福祉官僚制を運営するために現在使っている費用、そして肉体的、とくに精神身体的な病気〔身体的な病気が精神的要因によって誘発されること〕、犯罪性、薬物依存（これらのすべては、その大部分が圧制や退屈に対する抗議の形態である）の治療の費用を考えると、だれでも望む人に年間保証所得を与えるための費用は、私たちの現在の社会福祉体制のための費用よりも、おそらくは少なくて済むだろう。この考え方は、「人びとは生来基本的に怠惰である」と信じる人びとには、実行不可能で危険なものに思われるだろう。しかしながら、この決まり文句は事実に基づいていない。それは単なるスローガンであって、無力な人びとに対する権力意識を放棄することへの抵抗を正当化するのに役立つのである。

（4）女性は家父長制支配から解放されなければならない。

家父長制支配からの女性の解放は、社会のヒューマニズム化の基本的要因の一つである。男性による女性支配はわずか六千年ばかり前に、世界のあちこちで始まったが、それは農業の余剰生産物によって労働者の雇用と搾取、軍隊の組織化、強力な都市国家の建設が可能になったときであった。[*32] それ以来、中東およびヨーロッパの社会のみならず、世界の文化の大部分が、女性を屈服させた〈男性連合〉によって征服された。人類における男性の女性に対するこの勝利は、男の経済力と、彼らが造った軍事機構に基づくものであった。

両性間の闘争は、古さにおいては階級間の闘争と同じぐらいだが、形態においてはいっそう複雑である。というのは、男は女を働く動物としてだけでなく、母親として、恋人として、慰めを与える者としても必要としてきたからである。両性間の闘争の形態は、しばしば顕在的で残酷であり、よりしばしば潜在的である。女はよりすぐれた力に屈したが、女特有の武器によって反撃した。その主なものは男へのあざけりであった。

人類の半分が他の半分によって征服されたことは、両性に対して計り知れない害を及ぼしてきたし、また、今でも及ぼしている。男は勝利者の特徴を帯び、女は被害者の特徴を帯びている。男女の関係は、今日においてさえ、また男の至上権に対して意識的に抗議する人びとの間でさえ、男なら優越感を覚え、女なら劣等感を覚えるという害悪から解放されていない（無条件に男性優越を信じていたフロイトは、残念なことに女の無力感は男根を持たないことへの失望なるもののためであり、男が不安をいだくのは普遍的な〈去勢恐怖〉なるもののためであると仮定していた。この現象において問題になっているのは、両性間の闘争の徴候なのであって、生物学的・解剖学的な違いそのものではないのだが）。

多くのデータが示しているのは、男の女に対する支配が、一つの集団の他の無力な住民たちに対する支配に、いかによく似ているかということである。一例として、百年前のアメリカ南部における黒人像と、当時における、そして今日でも同じことだが、女性像との類似を考えてみよう。黒人と女は子供にたとえられた。彼らは情緒的で、単純で、現実感覚を持たないと考えられ、それゆえ安心して決定をまかせることはできないとされた。彼らは無責任だが、魅力的だと考えられた（フロイトはこの目録にさらに加えて、女の良心［超自我《スーパー・エゴ》］は男ほど発達せず、ナルシシズムは男より強いとした）。

より弱い者に対して力を行使することは、産業化していない国の国民や、子供、青年に対する支配の本質であるとともに、現行の家父長制の本質でもある。盛んになりつつある女性解放運動がきわめて大きな意味を持つのは、それが現代社会（資本主義社会も共産主義社会も同様に）の基礎となっている力の原理への脅威となる――すなわち、もし女が意味する解放とは、男が他の集団を支配する力、たとえば植民地の諸民族を支配する力を、共有することを望まないことであるということが明らかであるとすれば――からである。もし女性解放運動が、自らの役割と機能を〈反権力〉の代表として確認できるなら、女性は新しい社会建設のための戦いに、決定的な影響を与えることだろう。

解放のための基礎的な変革は、すでになされている。おそらく後世の歴史家は、二十世紀における最も革命的なできごとは、女性解放の始まりと男性至上権の没落であったと報告するだろう。しかし、女性解放のための戦いはまだ始まったばかりであり、男の抵抗はいくら大きく見積もっても、大きすぎることはない。男の女に対する関係のすべて（性的関係を含む）は、彼らの優越性なるものに基づいてきたのであって、彼らは男性優越の神話を受け入れることを拒む女たちを前にして、すでにまったく落ち着かない不安な気持ちになっているのである。

女性解放運動と密接に関連しているのが、若い世代の反権威主義的傾向である。この反権威主義は、一九六〇年代の終わりに絶頂となった。今では、幾つかの変化を経て、〈体制《エスタブリッシュメント》〉への反逆者の多くは、本質的に再び〈善良〉となった。しかしそれにもかかわらず、親やその他の権威に対するかつての崇拝は、のりを洗い落とされて勢いがなくなり、権威へのかつての〈畏《おそ》れ〉が復活しないことは、確かであるように思われる。

権威からのこの解放と並行しているのが、セックスに関する罪悪感からの解放である。確かにセックスは、口にすることのできない罪深いものではなくなったようである。セックスの革命の多面にわたる相対的な価値に関する人びとの意見が、どのように違っていても、一つのことは確かである。すなわち、セックスはもはや人びとをおびえさせることはないということだ。それはもはや罪悪感をつのらせるため、ひいては屈服を強いるために、利用することはできなくなっている。

(5) 最高文化会議を設立して、政府、政治家、市民に対して、知識を必要とするあらゆる問題に関する助言を与えることを、その職務とすべきである。

文化会議のメンバーには、国の知的・芸術的エリートの代表者として、疑いの余地のない誠実さを持った男女が加わるだろう。彼らは新しい、拡大された形のFDAの構成を決定し、情報を広める責任を負う人びとを選出するだろう。

文化のさまざまな部門のすぐれた代表者はだれかということについては、人びとの意見は十分に一致しているから、このような会議のしかるべきメンバーを見いだすことは可能であると思う。もちろん決定的に重要なことは、この会議には定説となった見解に反対する人びとの代表者も加わるということである。たとえば、経済学、歴史学、社会学における〈急進派《ラディカル》〉や〈修正主義者〉など。困難は会議のメンバーを見つけることではなく、選ぶことにある。というのは、一般投票で選出することはできないし、また政府が任命すべきものでもないからである。しかし、ほかにも選ぶ方法は見いだされるだろう。たとえば、三、四人を核として始め、徐々に集団を大きくして、たとえば五十人から百人ぐらいの最終的な大きさに持ってゆくというふうに。この文化会議は、さまざまな問題についての特別研究を委託できるように、十分な資金を持つべきである。

(6) 効果的な情報を効果的に広める体制も、確立しなければならない。

情報は、効果的な民主主義の形成における決定的な要素である。〈国家の安全〉なるもののために、情報を隠したり偽ったりすることは、やめなければならない。しかし、情報のこのような不法な隠匿《いんとく》がなかったとしても、まだ問題は残るのであって、それは現在ふつうの市民に与えられる、ほんもので必要な情報の量は、ほとんどゼロに等しいということである。しかも、これはふつうの市民にだけ当てはまることではない。豊富な例が示しているように、たいていの選出された議員、政府や国防軍の関係者、財界の指導者たちは、十分な情報を与えられていないばかりか、さまざまな政府機関が広め、報道機関がそのまま伝える嘘のために、ずいぶん間違った情報を与えられているのである。残念ながら、今言った人びとはせいぜいまったく操作的な知性しか持っていない。彼らは表面に現われないで働いている力を理解し、それによって将来の発展について確かな判断を下すという能力を、ほとんど持たないし、いやと言うほど聞かされている彼らの利己心や不正直さについては、言うまでもない。しかし、たとえ正直で知性のある官僚であったとしても、それだけでは世界の直面する破局の問題を解決するのに十分でない。

幾つかの〈大〉新聞を除けば、政治的・経済的・社会的データに関する事実についての情報さえ、極端に制限されている。いわゆる大新聞はより多くの情報を与える。しかし、間違った情報をもより多く与える。すべてのニュースを公平に発表しないことによって。しばしば次に来る本文と一致しない見出しをつけるのみならず、見出しを歪曲することによって。社説を書く際には一見もっともらしく教訓的な言語に党派性を隠すことによって。実際、新聞、雑誌、テレビ、ラジオは、できごとを原料として、ニュースという商品を生産する。売れるのはニュースだけであって、報道機関はどのできごとがニュースで、どれがそうでないかを決める。最も上等の情報でも既製品であって、できごとの表面のみを伝え、市民にできごとの奥底を洞察し、そのより深い原因を認める機会を与えることは、ほとんどない。ニュースの販売が商売であるかぎり、新聞や雑誌の印刷する記事がその売れ行きを高め（無節操さの度合いはさまざまだが）、広告主を敵にまわさないようなものになるのは、ほとんど防ぎようがない。

情報に基づく意見や決定を可能にすることを望むなら、情報の問題は違った方法で解決されなければならない。このような方法の例として、一つだけあげよう。すなわち、最高文化会議の最初の最も重要な機能の一つは、全住民の要求にこたえ、とくに私たちの参加民主主義のお互いに顔の見える集団《フェイス・トゥ・フェイス・グループス》における討議の基礎として役立つあらゆる情報を集め、かつ広めることである、ということだ。この情報は政治的決定が行なわれるすべての領域での基本的な事実と、基本的な代替案を含んでいなければならない。とくに重要なことは、意見が一致しない場合には、少数意見および多数意見が公表されること、そしてこの情報はすべての市民、とくにお互いに顔の見える集団の手に入るようにすることである。最高文化会議はこの新しく集められた報道担当者たちの仕事を監督する責任を負い、ラジオとテレビは、もちろんこの種の情報を広めるのに重要な役割を果たすだろう。

（7）科学的研究は、産業面および防衛面での応用から切り離されなければならない。知識欲に何らかの制限をつけるとすれば、人間の発達を阻害することになるだろうが、科学的思考のあらゆる結果を実際的に利用するとすれば、それはきわめて危険になるだろう。多くの観察者が強調しているように、遺伝学、脳外科、精神科治療薬、およびほかの多くの領域における或る種の発見は、誤用されれば〈人間〉に大きな害を与えうるし、また実際に誤用されるだろう。このことは、産業および軍事の関係者が、適当だと考えるあらゆる新しい理論的発見を自由に利用できるかぎり、避けえないことである。利益と軍事的な都合が科学的研究の応用を決定するということは、やめなければならない。このためには管理委員会を設けて、いかなる新しい理論的発見も、それを応用するためには委員会の許可を必要とするようにしなければならない。言うまでもなく、このような管理委員会は、産業、政府、軍部から――法律的にも心理的にも――完全に独立していなければならない。最高文化会議は、この管理委員会を任命し、監督する権限を持つことになるだろう。

（8）これまでのページで行なった提案のすべては、実現がたいそう困難となるだろうが、新しい社会のもう一つの必要条件を加えるに及んで、私たちの困難はほとんど克服しがたいものとなる。それは原子兵器の廃棄である。

私たちの経済の病的な要素の一つは、それが大きな軍事産業を必要とすることである。今日でさえ合衆国は、世界で一番豊かな国でありながら、防衛予算を負担するために、保健、福祉、教育のための出費を切り詰めなければならないのである。社会的実験の費用の負担は、自殺の手段としてのみ役立つ兵器を生産して貧しくなっている国家には、とうてい耐えられない。そのうえ、個人主義と能動性の精神は、軍事的官僚制が日に日に力を増しながら、恐怖と屈従を促進しつづけているような雰囲気の中では、生きることはできない。

2　新しい社会——一応の見込みはあるか

会社の力、多くの住民の冷淡さと無力さ、ほとんどすべての国の政治的指導者の無能さ、核戦争の脅威、生態学的な危険——それだけで世界の多くの地域に飢饉をもたらしうる気候の変化のような現象は、言うまでもなく——を考慮したうえでも、救済の一応の見込みはあるのだろうか。商取引の観点に立てば、そのような可能性はない。理性的な人間であれば、勝ち目がわずか二パーセントしかないのに全財産を賭けたり、儲かる見込みが同じようにわずかしかない投機的事業に、多くの資本を投じたりは、しないだろう。しかし、生きるか死ぬかの問題になれば、〈一応の見込み〉はそれがいかに小さなものであっても、〈現実的可能性〉に翻訳されなければならない。

人生は運まかせの勝負事でもなければ、商取引でもないので、救済の現実的可能性の意味を十分に認識するためには、ほかの分野を探さなければならない。たとえば医術。もし病人の生命が助かる見込みがごくわずかでもあれば、責任ある医者なら「もうあきらめましょう」と言ったり、苦痛をやわらげる薬だけ使うようなことはないだろう。それどころか、病人の生命を救うために、考えうるすべてのことがなされる。確かに、病める社会はこれ以下のことを期待することはできない。

今日の社会の救済の見込みを、生命の観点からでなく賭けや商売の観点から判断するのは、商業社会の精神の特徴なのである。実に浅はかなことだが、今流行している技術家政治的《テクノクラティック》な見解では、仕事や遊びにあくせくしたり、何も感じなくなったりしても、それは決して重大な間違いではなく、もし間違っているとしても、結局のところ技術家政治的ファシズムはたぶんそう悪いものではないだろうと考えられている。しかし、これは希望的観測である。技術家政治的ファシズムは、必然的に破局をもたらすにちがいない。非人間化した〈人間〉は狂気となって、長期的には、活力に富んだ社会を維持することができず、短期的には、核兵器や生物兵器の自殺的な使用を抑制することができなくなるだろう。

それでも、私たちを或る程度勇気づける要因が幾つかある。その第一は、メサロヴィッチとペステル、ポールとアン・エールリッヒらの述べた次の真理を認める人びとの数が、今や増えつつあることである。すなわち、純粋に経済的な根拠から言っても、西洋世界を全滅させたくなければ、新しい倫理、自然への新しい態度、人間の連帯と協力が必要であるということ。この理性への訴えは、情緒的・倫理的考察は別としても、少なからぬ人びとの気持ちを動員するだろう。これは軽視すべきことではない。たとえ歴史的には、諸国民は自らの死活問題に反し、また生存への動因にすら反した行為を何度も繰り返し行なってきたとしても。そういうことができたのは、人びとが「生きるべきか死ぬべきか」の問題は自分たちには関係ないと、指導者から説得され、自分でもそう思い込んでいたからなのだ。しかしながら、もし彼らが真実を認めていたなら、正常な神経生理学的反作用が起こったことだろう。すなわち、彼らの生命にかかわる脅威に気づくことによって、適切な防衛行為が動員されたことだろう。

第二の有望な徴候は、私たちの現在の社会体制に対する不満の現われが増大しつつあることである。ますます多くの人びとが、世紀の不安（*la malaise du siècle*）を感じている。彼らは自分の抑鬱状態を感知している。それをこらえようとするあらゆる種類の努力にもかかわらず、それを意識している。孤立の不幸と〈群棲《ぐんせい》〉の空虚さ、自分の無力さと生活の無意味さを感じている。多くの人びとはこれらすべてを非常にはっきりと、意識的に感じている。他の人びとはそれほどはっきりと感じてはいないが、だれかほかの人がそれを言葉に表わすと、十全に意識するのである。

世界史においては、今日まで空虚な快楽の生活は少数のエリートにのみ可能だったのであって、彼らは自分たちが力を持っていること、そしてその力を失わないためには考え、行動しなければならないことを知っていたので、本質的には正気を保っていた。今日では、空虚な消費生活は、経済的にも政治的にも力を持たず、個人的な責任もほとんど持たない中流階級すべてのものになっている。西洋世界の大部分は、消費者的な型の幸福のもたらす恩恵を知っている。そしてその恩恵を得ながら、それでは不十分だと思う人びとの数は増えつつある。彼らは、多くを持つことは福利を生みはしないことを発見しはじめている。伝統的な倫理的教訓が試されたのだ——そして経験によって確認されつつあるのである。

中流階級的なぜいたくの恩恵を受けずに生活している人びとにおいてのみ、昔ながらの幻想がそのまま残っている。すなわち、西洋の下層中流階級と、〈社会主義〉国の大多数の人びとの中に。実際、〈消費による幸福〉へのブルジョワ的希望は、このブルジョワ的な夢をまだ実現していない国々において、最も強く生きているのである。

貪欲と羨望心を克服する可能性に対する最も重大な反論の一つ、すなわち、それらの力は人間性に生まれついたものであるという反論は、さらに検討すればその説得力の多くを失ってしまう。貪欲と羨望心がこれほど強いのは、その生まれつきの強さのためではなく、オオカミの群れの中ではオオカミであれという世の中の圧力に抵抗することが、難しいからである。社会の風潮を変え、是とされあるいは否とされる価値観を変えれば、利己心から利他心への変革は、その困難さのほとんどを失うだろう。

かくして、私たちはある方向づけは人間性にひそむ強い可能性であるという前提に、再び到達する。少数者だけが持つ様式に完全に支配され、また別のごく少数の人びとがある様式に完全に支配されている。このいずれもが優位を占める可能性を持ち、どちらが優位になるかは、社会構造による。主としてあることに方向づけられた社会においては、持つ傾向は枯死《こし》させられ、ある様式が育てられる。私たちの社会のように、主として持つことに方向づけられた社会においては、その逆のことが起こる。しかし、新しい存在様式は常にすでに存在している――抑圧されてはいるけれども。いかなるサウロ〔使徒パウロが改宗する前の名〕も、改宗する前にすでにパウロでなければ、パウロにはならないのである。

持つことからあることへの変化は、実際に天秤を傾けることであって、社会的変化に関しては、新しいものが奨励され、古いものが退けられることである。そのうえ、これは新しい〈人間〉は古い〈人間〉と天地の違いがあるというような問題ではない。それは方向の変化の問題である。新しい方向へ一歩踏み出せば、次の一歩がついてくるだろう。そして正しい方向を採った以上は、これらの歩みがすべてを意味するのである。

さらに私たちを勇気づける別の側面として考慮すべきものは、逆説的ではあるが、大多数の住民を、その指導者も含めて特徴づけている疎外の度合いに関連している。先に〈市場的性格〉を論じたときに指摘したように、持ち、ためるという貪欲さは、自分を――何ものでもない――商品として交換するために単にうまく機能させるという傾向によって修正された。必死になって所有物、とくに自我に執着する貯蓄的性格よりも、疎外された市場的性格のほうが、変化しやすいのである。

百年前には住民の大部分が〈独立〉していたので、変革の最大の障害は、財産と経済的独立の喪失に対する恐れと抵抗であった。マルクスが生きていた時代は、労働者階級が唯一の大きな従属階級であり、またマルクスの考えでは、最も疎外された階級だった。今日では、住民のほとんど大部分が従属生活をしている。実質的には働いているすべての人びとが雇われている（一九七〇年度のアメリカ国勢調査の報告によれば、十六歳以上の全労働人口のわずか七・八二パーセントが自営、すなわち〈独立〉している）。そして――少なくとも合衆国では――伝統的な中流階級の貯蓄的性格を今なお保持し、その結果、今日のより疎外された中流階級に比べて変革が困難なのは、ブルーカラーの労働者なのである。

これらすべてはきわめて重要な政治的結果をもたらす。すなわち、社会主義はすべての階級の解放を目指して努力していたが――つまり、階級のない社会を目指して努力していたが――その直接に訴える相手は、〈労働者階級〉、すなわち肉体労働者であった。ところが今日では、労働者階級は（相対的に言えば）百年前に比べるといっそうの少数者となっている。力を獲得するためには、社会民主主義の諸政党は中流階級に属する多くの人びとの票を集めることを必要とする。そこでこの目的を達成するために、社会主義の諸政党は彼らの計画を、社会主義的理想をいだいた計画から自由主義的改革を提唱する計画へと、縮小しなければならなかった。一方では労働者階級をヒューマニズム的変革のてことして確認することによって、社会主義はほかのすべての階級に属する人びとを、必然的に敵にまわした。彼らは自分たちの財産や特権が労働者によって奪われようとしていると感じたのであった。

今日、新しい社会の訴えは疎外に苦しみ、雇用されていて、財産を脅かされてはいない、すべての人びとに向けられる。言い換えれば、それは少数者にとどまらず、住民の大多数にかかわるのである。それはだれの財産をも奪おうとはしないし、収入に関するかぎりでは、貧しい人びとの生活水準を高めるだろう。トップの経営者たちの高い給料を引き下げる必要はないだろうが、もしこの体制がうまくゆけば、彼らは過去の時代の代表と思われることを望まないだろう。

そのうえ、新しい社会の理想はすべての政党の基本線と交わっている。多くの保守派は彼らの倫理的・宗教的理想を失ってはいないし（エアハルト・エップラーは彼らを〈価値の保守派〉と呼ぶ）、多くの自由主義者や左派にも同じことが言える。それぞれの政党は、自分たちこそヒューマニズムの真の価値を代表していると有権者に信じ込ませることによって、彼らを利用する。しかし、あらゆる政党の背後には二つの陣営しかない。憂慮している人びとと、していない人びと。もし憂慮している陣営のすべての人びとが党派的な決まり文句を捨てて、みな同じ目的を持っていることを悟ることができたら、変革の可能性は今よりはるかに大きく見えるようになるだろう。たいていの市民は、党派的忠誠や党のスローガンにはますます興味を失いつつあるので、なおさらのことである。今日の人びとがあこがれているのは、知恵と、信条と、信条に従って行なう勇気とを持った人間なのである。

しかしながら、これらの有望な要因はあるにせよ、必要な人間的・社会的変革の見込みは依然として薄い。私たちの唯一の希望は、新しい理想の魅力による励ましにある。体制を変えることのない改革をあれこれと提案しても、それは強い動機づけの推進力を持たないので、結局は無駄である。〈空想的《ユートピアン》な〉目的のほうが、今日の指導者たちの〈現実主義〉よりも、現実的なのである。新しい社会と新しい〈人間〉の実現は、次の諸条件が満たされたとき、初めて可能となる——利益、力、知性の古い動機づけが、あること、分かち合うこと、理解することの新しい動機づけに取って代わられること。市場的性格が生産的な愛する性格に取って代わられること。サイバネティックス宗教が、新しいラディカル・ヒューマニズム精神に取って代わられること。

実際、有神論的宗教に真に根を下ろしていない人びとにとっての決定的な問題は、宗派もなく、教義も制度もないヒューマニズム的〈宗教性〉、すなわち仏陀からマルクスに至る非有神論的な宗教性の運動によって、長年にわたって用意されてきた〈宗教性〉への改宗である。私たちが直面しているのは、利己的な物質主義とキリスト教的な神の概念の容認との間の選択ではない。社会生活自体が――仕事における、余暇における、個人的な関係におけるそのあらゆる面において――〈宗教的〉精神の表現となり、独立した宗教は必要でなくなるだろう。新しい、非有神論的な、制度化されない〈宗教性〉へのこの要請は、現行の宗教への攻撃ではない。しかしながら、それはローマの官僚制とともに始まったローマカトリック教会が、福音書の精神に自らを改宗させなければならないということを、確かに意味している。それは〈社会主義諸国〉が〈非社会主義化〉すべきことを意味するのではなく、彼らのまやかしの社会主義を真のヒューマニズム的社会主義に代えることを、意味するのである。

　中世後期の文化が栄えたのは、人びとが神の都の理想を追い求めたからであった。近代社会が栄えたのは、人びとが地上の進歩の都の成長の理想によって、励まされたからであった。しかしながら二十世紀において、この理想はバベルの塔の理想にまで堕落した。それは今や崩れ始め、最後にはすべての人をその廃墟に埋めてしまうだろう。もし神の都と地上の都が定立と反定立であるとすれば、新しい総合、すなわち中世後期の世界の精神的核心と、ルネサンス以来の合理的思考と科学の発達との総合が、大混乱に代わる唯一の選択である。この総合はあることの都なのである。

原註

＊1　ここで少なくともついでに触れておかなければならないのは、肉体に対しても、あるという関係が存在するのであって、それは肉体を生きていると経験し、「私は肉体を持つ」ではなく、「私は肉体である」と言うことによって表現されうるような関係である、ということである。あらゆる感覚的知覚の訓練は、肉体のこのあるという経験を得ようと試みるものである。

＊2　言語学的な引用はエミール・バンヴェニストから得た。

＊3　あまり知られてはいないが、最もすぐれたチェコの哲学者の一人であるズビニェク・フィッシャー〔エゴン・ボンディ〕は、仏教的な過程の概念を真正マルクス主義哲学に結びつけている。残念ながら、この著作はチェコ語で発表されただけなので、たいていの西洋の読者は、これを読むことができない（私は私的な英訳によってこれを知っている）。

＊4　このことはモッシュ・バドモア博士から教えられた。

＊5　私はメシアの時代の概念を『ヒューマニズムの再発見』で論じた。シャバットについても、その旧著で論じたが、『夢の精神分析』の「安息日の儀式」の章でも論じている。

＊6　この分野に関して行き届いた教示と有益な示唆を与えてくれたライナー・フンクに感謝する。

＊7　アルトゥール・F・ウッツ、オットー・シリング、H・シューマッハー、およびその他の学者たちのなした寄与を参照のこと。

＊8　前記引用の諸部分は、オットー・シリングの著書からである。さらに彼がコンラッド・ファルナーおよびテオ・ゾンマーラートから引用した部分も参照のこと。

＊9　仏教への洞察的な理解を得るためには、ニャーナポニカ・マハーテラの著作、とくに『仏教的瞑想の心（*The Heart of Buddhist Meditation*）』および『仏教思想の道（*Pathways of Buddhist Thought*）』を参照のこと。

＊10　レイモンド・B・ブレイクニーは、マイスター・エックハルトが神性に言及するときには神（God）に大

文字のGを用い〔訳文では〈神〉と表記〕、聖書の創造神に言及するときには、小文字のgを用いている。

＊11 リチャード・H・トーニーの一九二〇年の著作である『獲得社会』は近代資本主義の理解と、社会的・人間的変革への選択の理解において、今でもこれを凌駕するものはない。マックス・ウェーバー、ルヨ・ブレンターノ、シャピロ、パスカル、ヴェルナー・ゾンバルト、クラウスらのなした寄与も、産業社会が人間に及ぼす影響を理解するための、基本的洞察を含んでいる。

＊12 これは最もすぐれた心理学にさえある限界であり、この点に関して私は「心理学の限界と危険（On the Limitations and Dangers of Psychology）」（一九五九年）という論文で、〈否定的心理学〉と〈否定的神学〉とを比較しながら、詳しく論じた。

＊13 私は『自由からの逃走』では〈自発的能動性〉という用語を使用し、これ以後の著作では〈生産的能動性〉という用語を使用した。

＊14 ヴィンフリート・ランゲ、ニコラス・ロブコヴィッツ、およびディートマー・ミートの著作（一九七一年）は、この観照的生活と能動的生活の問題へのより多くの洞察を与えてくれる。

＊15 私はこれらの証拠の幾つかを『破壊』で扱った。

＊16 近刊予定の『ゲームズマン――新しいビジネスエリート』（私は著者の好意により、原稿を読ませてもらった）において、マイケル・マコビーは、最近行なわれた〔労働者の〕民主的な参加をめぐる幾つかのプロジェクトとともに、とくにボリヴァー計画〔テネシー州の自動車部品工場で、仕事と生活の質を労使がともに改善すべく実行されたプロジェクト〕における彼自身の研究に言及している。ボリヴァー計画については研究成果報告書で扱われているが、また別のプロジェクトとともに、マコビーが現在企画中のより大きな著作の主題となるはずである。

＊17 与え、分かち合うという人間の生来の衝動を理解するうえで、最も重要なよりどころは、ピョートル・A・クロポトキンの古典的著作、『相互扶助論』（一九〇二年）である。もう二点重要な著作をあげれば、リチャード・ティトマスの『贈与関係――人血から社会政策まで（*The Gift Relationship: From Human Blood to Social Policy*）』（著者は人びとの与える願望の現われを指摘し、私たちの経済体制のために、人び

とが与える権利を自由に行使できないことを強調している）と、エドマンド・S・フェルプス編の『利他主義と道徳と経済理論（*Altruism, Morality and Economic Theory*）』である。

＊18　これは『自由からの逃走』の主題である。

＊19　私はこれらの聖歌を『ヒューマニズムの再発見』で分析した。

＊20　トマス・アクィナスに準拠した倫理の自立性に関する、アルフォンス・アウアー教授の未発表の論文（教授の好意により、原稿で読む機会を得た）は、アクィナスの倫理的概念を理解するためにたいそう役に立つ。「罪は神をはずかしめるものであるか」という問いについての彼の〔一九七五年の〕論文も、同様である（「参考文献」参照）。

＊21　私はこの論議を死ぬことの恐れそのものに限定して、私たちの死が私たちを愛する人びとに及ぼすであろう苦しみを想像する苦痛という、解決しがたい問題の論議には入らない。

＊22　本章は私の以前の著作、とくに『自由からの逃走』と『精神分析と宗教』によるところが大きい。両著とともに、この問題についての豊富な文献の中の最も重要な種々の書物を引用している。

＊23　無神論的な宗教経験という主題を、エルンスト・ブロッホ以上に深くかつ大胆に扱った人はいない（一九七二年）。

＊24　転載許可済み。イグナシオ・ミランによる類似の研究である、近刊予定の『メキシコの経営者の性格（*The Character of Mexican Executives*）』参照。

＊25　イェール大学出版部発行のアブラハム・M・ハーシュマンの訳では〈恵み〉となっているが、私はヘブライ語の原文からこのように訳した。

＊26　この一節と次の一節とは、マルクスの『経済学・哲学草稿』からの引用であり、私が『マルクスの人間観』において翻訳したものである。

＊27　社会主義ヒューマニストの見解については、フロム編『社会主義ヒューマニズム』参照。

＊28　この一節および以下のアルベルト・シュヴァイツァーの文章は、『文化の衰退における哲学の責任（*Die Schuld der Philosophie an dem Niedergang der Kultur*）』からの引用で、私が翻訳した。同書は一九二三年に

初めて刊行されたが、一九〇〇年から一七年にかけて、断片的に書かれたものである。

＊29　エルヴィン・R・ヤコービ宛ての手紙に、シュヴァイツァーは「愛の宗教は世界を支配する人格なしに存在しうる」（『聖なる光（*Divine Light*）』二、第一、一九六七年）と書いた。

＊30　本書の過重な負荷を避けるために、類似の提案を含む多くの文献の引用はしない。「参考文献」に多くの書名が見られるだろう。

＊31　私はこれを一九五五年に『正気の社会』で提案した。同じ提案が、一九六〇年代半ばのシンポジウムにおいても行なわれた（ロバート・セオボルド編。「参考文献」参照）。

＊32　私は『破壊』において、初期の〈家母長制〉およびそれに関連する文献について論じた。

訳者あとがき

本書はErich Fromm, *To Have Or To Be?*（Harper & Row, 1976）の全訳である。原書はルース・ナンダ・アンシェン企画編集の「世界展望叢書《ワールド・パースペクティヴズ》」の一冊であって、巻頭にアンシェンの「世界展望」と題する一文があるが、これはこの叢書全体に関するものなので、やはり同叢書に属する『希望の革命』の場合と同様に省略した。なお、翻訳中に著者から数ヵ所に及ぶ訂正の申し入れがあったので、本書には前掲書と違った部分があることを付記しておく。

本書の主題は、原題が示しているように、人間存在の二つの様式としての〈持つこと〉と〈あること〉の違いの分析であり、その認識の上に立っての新しい人間と新しい社会の可能性の追求である。〈持つ〉ということは、現代産業社会における基本的な存在様式であって、私たちは物を持つことを自己の価値、アイデンティティ（同一性）、あるいは存在のあかしとすることに慣れてしまった。この関係は物ばかりでなく、人間、知識、観念、神、さらには健康や病気にまで及んでいるが、それは主体をも客体をも物に還元することであって、そこにあるのは生きた関係ではなく、死んだ関係である。そのうえ、それは限りなき生産と限りなき消費という悪循環を生み出し、私たちは慢性の飢餓状態に陥っている。

これに対して、〈ある〉ということは、何ものにも執着せず、何ものにも束縛されず、変化を恐れず、たえず成長することである。それは一つの固定した型や態度ではなく、流動する過程なのであって、他者との関係においては、与え、分かち合い、関心をともにする生きた関係となる。それは生きることの肯定であり、フロムの好む比喩を用いるなら、ともに生の舞踏に加わることである。ここにフロムが『自由からの逃走』以来、一貫して主張してきた生命の哲学がある。本書において仏陀、キリスト、マイスター・エックハルト、マルクス、シュヴァイツァーその他の先人たちへの言及がしばしばなされるのも、同じ生命観に基づいている。つまり、フロムはヒューマニストなのである。それも心理学、生物学、社会学、神経生理学などのあらゆる面から人間を観察、研究し、その悲劇的な限界を見極めたうえで、なおかつ生を肯定するのであって、原点に帰るというその言葉どおりの意味で〈ラディカル〉と呼びうるヒューマニストである。そのフロムにとって、これらの先人たちは人間に生きることの意味を教え、生きる勇気を与えてくれる人生の教師なのである。仏陀やキリストを同じヒューマニズムのレベルでとらえることに対する不満は残るとしても、これらの教師たちに寄せるフロムの敬愛の念は、一個の人間に対する総体的な信頼ということの意味を、あらためて私たちに考えさせてくれる。それは私たちがかつては知っていたが、今ではほとんど忘れてしまったものなのである。それはやがて人間全体への信頼につながるものなのであって、そこまで私たちを引き込むところに、フロムの魅力の大きな部分があるのではないだろうか。

二つの存在様式について述べたあとで、フロムは現実的な変革の手だてに目を向ける。〈新フロイト派〉と呼ばれた社会心理学者として当然のことながら、フロムは常に人間の意識の面と社会の構造の面とのかかわりを重要視するが、本書においても、社会＝経済体制の変革の必要性を強調している。フロムの提案の核となるのは〈参加民主主義〉であって、その基本精神は、各人が能動的に参加すること、中央集権化を排除すること、各人が十全な情報を与えられること、などである。ここに述べられていることは『正気の社会』や『希望の革命』の延長線上にあって、とくに目新しいものではないが、それだけに繰り返して述べるに値するものと言うことができるだろう。とくに官僚制や〈情報〉の性質についての発言は、日本の社会に対する痛烈な批判ともなっている。

訳語についてひと言。“to have”と“to be”は〈所有〉と〈存在〉と訳すのが通例となっているが、これではとうてい著者の意味するところを表わすことができないので、多少のすわりの悪さを承知のうえで、〈持つこと〉と〈あること〉とし、とくに後者については、原文がイタリック体となっていない場合でも、必要と判断した場合には傍点をつけた。なお、表題については、原題の直訳は避けることとして編集部と協議したうえで、このようにした。〈持つこと〉と〈あること〉とは、ともに、生きるということの根源にかかわる問題にほかならないからである。

最後に、本書の訳出に当たって教示や援助をいただいた多くの方々にお礼を申し上げる。とくに紀伊國屋書店出版部の長尾愛一郎氏には、前回の『破壊』に続いていろいろとお世話になった。厚くお礼を申し上げる。

一九七七年六月
佐野哲郎

* ——. 1973. *Civilization and Ethics.* Rev. ed. Reprint of 1923 ed. New York: Seabury Press.

Simmel, Georg. 1950. *Hauptprobleme der Philosophie.* Berlin: Walter de Gruyter［生松敬三訳「哲学の根本問題」『ジンメル著作集 新装復刊』第 6 巻所収、白水社］.

Sommerlad, Theo. 1903. *Das Wirtschaftsprogramm der Kirche des Mittelalters.* Leipzig. Quoted by Otto Schilling; q.v.

Spinoza, Benedictus de. 1927. *Ethics.* New York: Oxford University Press［『エチカ』上下巻、畠中尚志訳、岩波文庫ほか］.

Staehelin, Balthasar. 1969. *Haben und Sein* [Having and being]. Zurich: Editio Academica.

Stirner, Max. 1973. *The Ego and His Own: The Case of the Individual Against Authority.* Edited by James J. Martin; translated by Steven T. Byington. New York: Dover (Original ed. *Der Einzige und Sein Eigentum*).

Suzuki, D. T. 1960. "Lectures on Zen Buddhism." In E. Fromm et al. *Zen Buddhism and Psychoanalysis*; q.v.

Swoboda, Helmut. 1973. *Die Qualität des Lebens.* Stuttgart: Deutsche Verlagsanstalt.

* Tawney, R. H. 1920. *The Acquisitive Society.* New York: Harcourt Brace［山下重一訳「獲得社会」『世界の思想』第 17 巻所収、桑原武夫ほか編、河出書房新社］.

"Technologie und Politik." *Attuell Magazin,* July 1975. Rheinbeck bei Hamburg: Rowohlt Taschenbuch Verlag.

Theobald, Robert, ed. 1966. *The Guaranteed Income: Next Step in Economic Evolution.* New York: Doubleday［『保障所得』浜崎敬治訳、法政大学出版局］.

Thomas Aquinas. See Aquinas, Thomas.

Titmuss, Richard. 1971. *The Gift Relationship: From Human Blood to Social Policy.* London: George Allen & Unwin.

* Underhill, Evelyn, ed. 1956. *A Book of Contemplation the Which Is Called The Cloud of Unknowing.* 6th ed. London: John M. Watkins［『不可知の雲』］.

Utz, A. F. OP. 1953. "Recht und Gerechtigkeit." In Thomas Aquinas, *Summa Theologica,* vol. 18; q.v［『神学大全』］.

Yerkes, R. M., and Yerkes, A. V. 1929. *The Great Apes: A Study of Anthropoid Life.* New Haven: Yale University Press.

＊＊ Mumford, L. 1970. *The Pentagon of Power*. New York: Harcourt Brace Jovanovich [『権力のペンタゴン』生田勉&木原武一訳、河出書房新社].

＊＊ Nyanaponika Mahatera. 1962; 1970. *The Heart of Buddhist Meditation*. London: Rider & Co.; New York: Samuel Weiser.

＊ ——, ed. 1971; 1972. *Pathways of Buddhist Thought: Essays from the Wheel*. London: George Allen & Unwin; New York: Barnes & Noble, Harper & Row.

Phelps, Edmund S., ed. 1975. *Altruism, Morality and Economic Theory*. New York: Russell Sage Foundation.

Piaget, Jean. 1932. *The Moral Judgment of the Child*. New York: The Free Press, Macmillan [「児童道徳判断の発達」『臨床児童心理学』第3巻所収、大伴茂訳、同文書院].

Quint, Joseph L. See Eckhart, Meister.

＊ Rumi. 1950. Selected, translated and with Introduction and Notes by R. A. Nicholson. London: George Allen & Unwin.

Schecter, David E. 1959. "Infant Development." In Silvano Arieti, ed. *American Handbook of Psychiatry*, vol. 2; q.v.

Schilling, Otto. 1908. *Reichtum und Eigentum in der Altkirchlichen Literatur*. Freiburg im Breisgau: Herderische Verlagsbuchhandlung.

Schulz, Siegried. 1972. *Q. Die Spruchquelle der Evangelisten*. Zurich: Theologischer Verlag.

＊＊ Schumacher, E. F. 1973. *Small Is Beautiful: Economics as if People Mattered*. New York: Harper & Row, Torchbooks [『スモール イズ ビューティフル』小島慶三&酒井懋訳、講談社学術文庫ほか].

＊ Schumpeter, Joseph A. 1962. *Capitalism, Socialism, and Democracy*. New York: Harper & Row, Torchbooks [『資本主義・社会主義・民主主義』中山伊知郎&東畑精一訳、東洋経済新報社ほか].

Schweitzer, Albert. 1923. *Die Schuld der Philosophie an dem Niedergang der Kultur* [The responsibility of philosophy for the decay of culture]. Gesammelte Werke, vol. 2. Zurich: Buchclub Ex Libris.

——. 1923. *Verfall und Wiederaufbau der Kultur* [Decay and restoration of civilization]. *Gesammelte Werke*, vol. 2. Zurich: Buchclub Ex Libris [蓮見和男訳「文化の没落と再建」『世界の思想』第12巻所収、桑原武夫ほか編、河出書房新社ほか].

* Marcel, Gabriel. 1965. *Being and Having: An Existentialist Diary*. New York: Harper & Row, Torchbooks［『存在と所有 改訂増補』渡辺秀&広瀬京一郎訳、理想社］.

Marx, K. 1844. *Economic and Philosophical Manuscripts*［『経済学・哲学草稿』長谷川宏訳、光文社古典新訳文庫ほか］. In *Gesamtausgabe (MEGA)* [Complete works of Marx and Engels]. Moscow. Translated by E. Fromm in E. Fromm, *Marx's Concept of Man*; q.v［『マルクスの人間観』］.

——. 1909. *Capital*. Chicago: Charles H. Kerr & Co［『資本論』全9巻、向坂逸郎訳、岩波文庫ほか］.

——. *Grundrisse der Kritik der politischen Ökonomie* [Outline of the critique of political economy]. Frankfurt: Europaische Verlagsanstalt, n.d. McClellan, David, ed. and trans. 1971. *The Grundrisse*, Excerpts. New York: Harper & Row, Torchbooks［『経済学批判』武田隆夫ほか訳、岩波文庫ほか］.

——, and Engels, F. 1844/5. *The Holy Family, or a Critique of Critical Critique*. London: Lawrence & Wishart, 1957. *Die Heilige Familie, der Kritik der kritischen Kritik*. Berlin: Dietz Verlag, 1971［『聖家族』石堂清倫訳、岩波文庫ほか］.

Mayo, Elton. 1933. *The Human Problems of an Industrial Civilization*. New York: Macmillan［『産業文明における人間問題』村本栄一訳、日本能率協会］.

Meadows, D. H., et al. 1972. *The Limits to Growth*. New York: Universe Books［『成長の限界』枝廣淳子訳、ダイヤモンド社］.

* Mesarovic, Mihajlo D., and Pestel, Eduard. 1974. *Mankind at the Turning Point*. New York: E. P. Dutton［『転機に立つ人間社会』大来佐武郎&茅陽一監訳、ダイヤモンド社］.

Mieth, Dietmar. 1969. *Die Einheit von Vita Activa und Vita Contemplativa*. Regensburg: Verlag Friedrich Pustet.

——. 1971. C*hristus — Das Soziale im Menschen*. Düsseldorf: Topos Taschenbücher, Patmos Verlag.

Mill, J. S. 1965. *Principles of Political Economy*. 7th ed., reprint of 1871 ed. Toronto: University of Toronto/Routledge and Kegan Paul［『経済学原理』全5巻、末永茂喜訳、岩波文庫ほか］.

Millan, Ignacio. Forthcoming. *The Character of Mexican Executives*.

Morgan, L. H. 1870. *Systems of Sanguinity and Affinity of the Human Family*. Publication 218, Washington, D.C.: Smithsonian Institution.

Mifflin［『ゆたかな社会 決定版』鈴木哲太郎訳、岩波現代文庫ほか］.
*　——. 1971. *The New Industrial Society*. 2nd rev. ed. Boston: Houghton Mifflin［『新しい産業国家』斎藤精一郎訳、講談社文庫ほか］.
*　——. 1974. *Economics and the Public Purpose*. Boston: Houghton Mifflin［『経済学と公共目的』久我豊雄訳、講談社文庫ほか］.
*　Habermas, Jürgen. 1971. *Toward a Rational Society*. Translated by J. Schapiro. Boston: Beacon Press.
——. 1973. *Theory and Practice*. Edited by J. Viertel. Boston: Beacon Press.
Harich, W. 1975. *Kommunismus ohne Wachstum*. Hamburg: Rowohlt Verlag.
Hebb, D. O. "Drives and the CNS [Conceptual Nervous System]". *Psych. Rev.* 62, 4: 244.
Hess, Moses. 1843. "Philosophie der Tat [The philosophy of action]". In *Einundzwanzig Bogen aus der Schweiz*. Edited by G. Herwegh. Zurich: Literarischer Comptoir. Reprinted in Moses Hess, *Ökonomische Schriften*. Edited by D. Horster. Darmstadt: Melzer Verlag, 1972.
*　Illich, Ivan. 1970. *Deschooling Society*. World Perspectives, vol. 44. New York: Harper & Row［『脱学校の社会』東洋&小沢周三訳、東京創元社］.
——. 1976. *Medical Nemesis: The Expropriation of Health*. New York: Pantheon［『脱病院化社会』金子嗣郎訳、晶文社］.
*　Kropotkin, P. A. 1902. *Mutual Aid: A Factor of Evolution*. London［『相互扶助論 新装』大杉栄訳、同時代社ほか］.
Lange, Winfried. 1969. *Glückseligkeitsstreben und uneigennützige Lebensgestaltung bei Thomas von Aquin*. Diss. Freiburg im Breisgau.
Leibrecht, W., ed. 1959. *Religion and Culture: Essays in Honor of Paul Tillich*. New York: Harper & Row.
Lobkowicz, Nicholas. 1967. *Theory and Practice: The History of a Concepl from Aristotle to Marx*. International Studies Series. Notre Dame, Ind.: University of Notre Dame Press.
*　Maccoby, Michael. Forthcoming, fall 1976. *The Gamesmen: The New Corporate Leaders*. New York: Simon and Schuster［『ゲームズマン——新しいビジネスエリート』広瀬英彦訳、ダイヤモンド社］.
Maimonides, Moses. 1963. *The Code of Maimonides*. Translated by A. M. Hershman. New Haven: Yale University Press.

Fairy Tales, and Myths. New York: Holt, Rinehart and Winston[『夢の精神分析』外林大作訳、創元社].
* ——. 1955. *The Sane Society*. New York: Holt, Rinehart and Winston [『正気の社会』加藤正明&佐瀬隆夫訳、社会思想研究会出版部].
——. 1956. *The Art of Loving*. New York: Harper & Row [『愛するということ』鈴木晶訳、紀伊國屋書店].
——. 1959. "On the Limitations and Dangers of Psychology." In W. Leibrecht, ed. *Religion and Culture: Essays in Honor of Paul Tillich*; q.v.
* * ——. 1961. *Marx's Concept of Man*. New York: Frederick Ungar [『マルクスの人間観』樺俊雄訳、第三文明社].
——. 1963. *The Dogma of Christ and Other Essays on Religion, Psychology, and Culture*. New York: Holt, Rinehart and Winston [『革命的人間』].
——. 1964. *The Heart of Man*. New York: Harper & Row [『悪について』渡会圭子訳、ちくま学芸文庫ほか].
——, ed. 1965. *Socialist Humanism*. Garden City, New York: Doubleday & Co[『社会主義ヒューマニズム』上下巻、城塚登監訳、紀伊國屋書店].
——. 1966. "The Concept of Sin and Repentance." In E. Fromm, *You Shall Be as Gods*; q.v [『自由であるということ』飯坂良明訳、河出書房新社ほか(『ヒューマニズムの再発見』『ユダヤ教の人間観』のタイトルでの邦訳も)].
——. 1966. *You Shall Be as Gods*. New York: Holt, Rinehart and Winston [『自由であるということ』].
* ——. 1968. *The Revolution of Hope*. New York: Harper & Row [『希望の革命』作田啓一&佐野哲郎訳、紀伊國屋書店].
——. 1970. *The Crisis of Psychoanalysis: Essays on Freud, Marx, and Social Psychology*. New York: Holt, Rinehart and Winston [『精神分析の危機』].
* * ——. 1973. *The Anatomy of Human Destructiveness*. New York: Holt, Rinehart and Winston [『破壊』作田啓一&佐野哲郎訳、紀伊國屋書店].
——, and Maccoby, M. 1970. *Social Character in a Mexican Village*. Englewood Cliffs, New Jersey: Prentice-Hall.
——, Suzuki, D. T., and de Martino, R. 1960. *Zen Buddhism and Psychoanalysis*. New York: Harper & Row.
* Galbraith, John Kenneth. 1969. *The Affluent Society*. 2nd ed. Boston: Houghton

L. Quint. In *Gesamtausgabe der deutschen und lateinischen Werke*. Stuttgart: Kohlhammer Verlag.

——. *Meister Eckhart, Die lateinischen Werke, Expositio Exodi 16*. Edited by E. Benz et al. In *Gesamtausgabe der deutschen und lateinischen Werke*. Stuttgart: Kohlhammer Verlag. Quoted by Otto Schilling; q.v.

* Ehrlich, Paul R., and Ehrlich, Anne H. 1970. *Population, Resources, Environment: Essays in Human Ecology*. San Francisco: W. H. Freeman［『ヒューマン・エコロジーの世界』合田周平訳、講談社］.

Engels, F. See Marx, K., jt. auth.

Eppler, E. 1975. *Ende oder Wende* [End or change]. Stuttgart: W. Kohlhammer Verlag.

Farner, Konrad. 1947. "Christentum und Eigentum bis Thomas von Aquin." In *Mensch und Gesellschaft*, vol. 12. Edited by K. Farner. Bern: Francke Verlag. Quoted by Otto Schilling; q.v.

Finkeistein, Louis. 1946. *The Pharisees: The Sociological Background of Their Faith*, vols. 1, 2. Philadelphia: The Jewish Publication Society of America.

Fromm, E. 1932. "Die psychoanalytische Charakterologie und ihre Bedeutung für die Sozialforschung." *Ztsch. f. Sozialforschung*. 1: 253-277. "Psychoanalytic Characterology and Its Relevance for Social Psychology." In E. Fromm, *The Crisis of Psychoanalysis*; q.v［『精神分析の危機』岡部慶三訳、東京創元社］.

——. 1941. *Escape from Freedom*. New York: Holt, Rinehart and Winston［『自由からの逃走』日高六郎訳、東京創元新社］.

——. 1942. "Faith as a Character Trait." In *Psychiatry* 5. Reprinted with slight changes in E. Fromm, *Man for Himself*; q.v［『人間における自由』谷口隆之助&早坂泰次郎訳、東京創元社］.

——. 1943. "Sex and Character." In *Psychiatry* 6: 21-31. Reprinted in E. Fromm, *The Dogma of Christ and Other Essays on Religion, Psychology, and Culture*; q.v［『革命的人間』谷口隆之助訳、東京創元社］.

* ——. 1947. *Man for Himself: An Inquiry into the Psychology of Ethics*. New York: Holt, Rinehart and Winston［『人間における自由』］.

——. 1950. *Psychoanalysis and Religion*. New Haven: Yale University Press［『精神分析と宗教』谷口隆之助&早坂泰次郎訳、創元社］.

——. 1951. *The Forgotten Language: An Introduction to the Understanding of Dreams,*

般言語学の諸問題』岸本通夫監訳、みすず書房ほか].
Benz, E. See Eckhart, Meister.
Blakney, Raymond B. See Eckhart, Meister.
Bloch, Ernst. 1970. *Philosophy of the Future*. New York: Seabury Press.
——. 1971. *On Karl Marx*. New York: Seabury Press.
* ——. 1972. *Atheism in Christianity*. New York: Seabury Press [『キリスト教の中の無神論』上下巻、竹内豊治&高尾利数訳、法政大学出版局]. *The Cloud of Unknowing*, See Underhill, Evelyn [『不可知の雲』奥田平八郎訳、現代思潮社ほか].
Darwin, Charles. 1969. *The Autobiography of Charles Darwin 1809-1882*. Edited by Nora Barlow. New York: W. W. Norton [『ダーウィン自伝』八杉龍一&江上生子訳、ちくま学芸文庫ほか]. Quoted by E. F. Schumacher; q.v.
Delgado, J. M. R. 1967. "Aggression and Defense Under Cerebral Radio Control." In *Aggression and Defense: Neural Mechanisms and Social Patterns. Brain Function*, vol. 5. Edited by C. D. Clemente and D. B. Lindsley. Berkeley: University of California Press.
De Lubac, Henri. 1943. *Katholizismus als Gemeinschaft*. Translated by Hans-Urs von Balthasar. Einsiedeln/Cologne: Verlag Benziger & Co.
De Mause, Lloyd, ed. 1974. *The History of Childhood*. New York: The Psychohistory Press, Atcom Inc.
Diogenes Laertius. 1966. In *Lives of Eminent Philosophers*. Translated by R. D. Hicks. Cambridge: Harvard University Press [『ギリシア哲学者列伝』上中下巻、加来彰俊訳、岩波文庫].
Du Marais. 1769. *Les Véritables Principes de la Grammaire*.
Dumoulin, Heinrich. 1966. *Östliche Meditation und Christliche Mystik*. Freiburg/Munich: Verlag Karl Alber.
** Eckhart, Meister. 1941 . *Meister Eckhart: A Modern Translation*. Translated by Raymond B. Blakney. New York: Harper & Row, Torchbooks.
——. 1950. Edited by Franz Pfeifer; translated by C. de B. Evans. London: John M. Watkins.
——. 1969. *Meister Eckhart, Deutsche Predigten und Traktate*. Edited and translated by Joseph L. Quint. Munich: Carl Hanser Verlag.
——. *Meister Eckhart, Die Deutschen Werke*. Edited and translated by Joseph

参考文献

ここには本書で言及したすべての書物が含まれている。ただし、本書の準備に当たって参考にしたすべての書物が含まれているわけではない。並行してぜひ読んでほしい書物には、星印を一つつけてある。星印二つの書物は、時間のない読者のためのものである。

Aquinas, Thomas. 1953. *Summa Theologica*. Edited by P. H. M. Christmann. OP. Heidelberg: Gemeinschaftsverlage, F. H. Kerle; Graz: A. Pustet［『神学大全』全45巻、高田三郎ほか訳、創文社ほか］.

Arieti, Silvano, ed. 1959. *American Handbook of Psychiatry*, vol. 2. New York: Basic Books.

Aristotle. *Nicomachean Ethics*. Cambridge: Harvard University Press, Loeb Classical Library［『ニコマコス倫理学』上下巻、高田三郎訳、岩波文庫ほか］.

* Artz, Frederick B. 1959. *The Mind of the Middle Ages: An Historical Survey: A.D. 200-1500*. 3rd rev. ed. New York: Alfred A. Knopf.

Auer, Alfons. "Die Autonomie des Sittlichen nach Thomas von Aquin [The anatomy of ethics according to Thomas Aquinas]". Unpublished paper.

——. 1975. "Ist die Sünde eine Beleidigung Gottes? [Is sin an insult to God?]". In *Theol. Quartalsschrift*. Munich, Freiberg: Erich Wewel Verlag.

* ——. 1976. *Utopie, Technologie, Lebensqualität* [Utopia, technology, quality of life]. Zurich: Benziger Verlag.

* Bachofen, J. J. 1967. *Myth, Religion and the Mother Right: Selected Writings of Johann Jakob Bachofen*. Edited by J. Campbell; translated by R. Manheim. Princeton: Princeton University Press (Original ed. *Das Mutterrecht*, 1861).

Bacon, Francis. 1620. *Novum Organum*［『ノヴム・オルガヌム（新機関）』桂寿一訳、岩波文庫ほか］.

Bauer, E. *Allgemeine Literatur Zeitung 1843/4*. Quoted by K. Marx and F. Engels; q.v.

* Becker, Carl L. 1932. *The Heavenly City of the Eighteenth Century Philosophers*. New Haven: Yale University Press［『一八世紀哲学者の楽園』小林章夫訳、上智大学］.

Benveniste, Emile. 1966. *Problèmes de Linguistique Général*. Paris: Ed. Gallimard［『一

人名索引

著者 エーリッヒ・フロム Erich Fromm

1900年、ドイツ・フランクフルトに生まれる。ハイデルベルク、フランクフルト、ミュンヘンなどの大学で学んだのち、ベルリンで精神分析学を学ぶ。フランクフルト社会研究所を経て、1933年アメリカに渡り、のちに帰化。イェール、ミシガン州立、ニューヨークなどの大学で教鞭をとり、さらにメキシコに移住。1980年没。

フロイト理論にマルクスやヴェーバーを接合して精神分析に社会的視点をもたらし、いわゆる「新フロイト派」の代表的存在とされた。また、真に人間的な生活とは何か、それを可能にする社会的条件とは何かを終生にわたって追求したヒューマニストとしても有名である。しだいに、禅や東洋宗教へも関心を深めた。著書に、『自由からの逃走』『人間における自由』『精神分析と宗教』(以上、東京創元社)、『愛するということ』『希望の革命』『破壊』『反抗と自由』『人生と愛』(以上、紀伊國屋書店)ほか多数。

訳者 佐野哲郎《さの・てつろう》

1931年、大阪に生まれる。京都大学文学部英文科卒業。元神戸親和女子大学学長、京都大学名誉教授。訳書にフロム『フロイトを超えて』『反抗と自由』、共訳書にフロム『希望の革命』『破壊』『人生と愛』『ワイマールからヒトラーへ――第二次大戦前のドイツの労働者とホワイトカラー』、フンク『エーリッヒ・フロム 人と思想』、バーストン『フロムの遺産』(以上、紀伊國屋書店)ほかがある。

生きるということ 新装版

二〇二〇年 九月一〇日 第一刷発行
二〇二四年 九月一二日 第一一刷発行

著者 エーリッヒ・フロム
訳者 佐野哲郎
発行所 株式会社紀伊國屋書店
東京都新宿区新宿三-一七-七
出版部(編集)電話〇三-六九一〇-〇五〇八
ホールセール部(営業)電話〇三-六九一〇-〇五一九
〒一五三-八五〇四 東京都目黒区下目黒三-七-一〇

ブックデザイン 鈴木成一デザイン室
校正協力 鷗来堂
印刷・製本 シナノ パブリッシング プレス

ISBN978-4-314-01176-1 C0010 Printed in Japan
定価は外装に表示してあります